千年古县——成县

成县地名故事
CHENG XIAN DIMING GUSHI

成县民政局 编

甘肃科学技术出版社
（甘肃·兰州）

图书在版编目（CIP）数据

成县地名故事 / 成县民政局编． -- 兰州：甘肃科学技术出版社，2023.10
ISBN 978-7-5424-3119-6

Ⅰ．①成… Ⅱ．①成… Ⅲ．①地名—介绍—成县 Ⅳ．①K924.24

中国国家版本馆CIP数据核字(2023)第207732号

成县地名故事

成县民政局　编

责任编辑	陈学祥
助理编辑	于佳丽
装帧设计	介宝侠

出　版　甘肃科学技术出版社
社　址　兰州市城关区曹家巷1号　730030
电　话　0931-2131572(编辑部)　0931-8773237(发行部)

发　行　甘肃科学技术出版社　　　印　刷　兰州瑞昌印务有限责任公司
开　本　880毫米×1230毫米　1/16　　印　张　8　插　页　4　字　数　131千
版　次　2023年12月第1版
印　次　2023年12月第1次印刷
印　数　1~650
书　号　ISBN 978-7-5424-3119-6　　　定　价　108.00元

图书若有破损、缺页可随时与本社联系:0931-8773237
本书所有内容经作者同意授权，并许可使用
未经同意，不得以任何形式复制转载

《成县地名故事》编纂委员会

主　　任：王文全　赵彦凯
副 主 任：赵海明　纳康清　冉彦清　李　丽　马　玲
　　　　　卢世祺　张青云
委　　员：王志璘　关建康　董永生　白旭东　赵会军
　　　　　朱利军　樊小龙　黄　波　武石拜　王小荣
　　　　　成晓丽　张　路　余　辉

《成县地名故事》编辑部

主　　编：张　忠
副 主 编：魏秋云　王三星
编　　辑：（以姓氏笔画为序）
　　　　　王　菲　王卫成　石振林　库清清　吕在顶
　　　　　伍树林　许　斌　李　孟　李　森　李向方
　　　　　李晓宇　杨小文　曹生东　蔺伟红

编辑单位：成县民政局
　　　　　甘肃速度星锐信息科技有限公司

前　言

地名是活跃的文化细胞,是一种文化现象。作为表称地点的文化符号,它积淀了丰富的历史文化内容,形成了一道道文化印记,体现了自然与人文的交融。地名又是地区历史文化的标签,一个地方叫什么名字,绝不是随心所欲的称呼,而是文明演进的记录和见证。

正是因为地名承载着历史与文化的基因,对经济社会的发展具有重要作用,所以2016年6月初,成县人民政府遵照上级指示精神,正式成立了第二次全国地名普查办公室,抽调对成县古今地名有所研究的专家学者,正式启动了新一轮地名普查工作。在深入调研考察的基础上,通过层层座谈、访问,查阅地方史志和相关文献典籍,基本廓清了数以千计的地名原始资料,为地名普查成果转化奠定了基础。

2017年11月1日,成县第二次全国地名普查咨询委员会及早谋划,借中华人民共和国民政部和光明日报社联合举办"寻找最美地名"活动的契机,决定在前期普查工作取得阶段性成果的基础上,开始进入成果转换阶段,确定由陇南市第二次全国地名普查专家咨询委员会委员、成县第二次全国地名普查专家咨询委员会副主任张忠承担《成县地名故事》一书的编写任务。

地名是语言学中的一个专门领域,地名的用字和称谓都有一定的特殊性。正因为特殊，所以地名一直是学界持续讨论的热门话题，也是民间普遍关注的焦点问题。为了撷取全县地名中的精华，编者精选了60多个有代表性的地名，每个地名都慎重、翔实地考证了历史沿革，并融入了脍炙人口的民间传说和故事，使人们对那种如饮醇醪、如沐春风的感觉并不因时间的流逝而减淡。

五龙山，是成县县城西北7.5千米处的一座名山。在考证这一历史地名时，编者曾多次亲临实地作田野调查，特别是在雨霁时到实地远眺观察，发现山的北面有五道山梁逶迤向南延伸，雨雾弥漫中如五条巨龙向前浮动，据传说，五龙山因此而得名。当地耆旧口碑相传：古时山顶有一道士梦与神游，其时雷电晦暝，环顾往视，则有五龙于其上，时而有声。道士以为，龙光瑞象出现，乃为福德之地，遂募化四方，在山顶修起了道观，以阴历三月初三为庙会，多少年来，这一习俗历久弥新，流传不衰。

地名包含着悠久的历史，积淀着深厚的文化内涵，再加上人们的情感记忆，很容易激发文人墨客的灵感。唐乾元二年（公元759年）冬月，诗圣杜甫由秦陇流寓四川途中，曾于县东南凤凰山下飞龙峡口西侧结茅以居。面对凤凰台如此人间仙境，诗圣吟出了爱国主义与浪漫主义相结合的千古绝唱——《凤凰台》，表达了"再光中兴业，一洗苍生忧"的坚贞宏愿。从古至今，凤凰台之名同杜甫的名篇一样成为当地文风的象征。

人文含义与自然景观的融合，使地名显得厚重，又不失人间趣味。地名本身就散发着诗意，诗歌又为地名抹上了一缕美丽神秘的色彩。地名是激发诗情诗意灵感的源泉，而美丽的地方，又天然是诗。因此，人类才向往能诗意地栖居在大地之上，安心安身。

一个个蕴含诗意的地名，徐徐展开的景观，勾勒了成县的轮廓，呈现了成县之美，最终成为遥远而幻美的象征，令人神往。这背后，饱含的是人们对这片土地的深厚情感，如此罗列这60多个地名，可以说是一种炫耀，表达了一种自豪。

何谓大美成县，就是青山绿水加无数个含有诗情画意的地名实体。在本书即将付梓之际，让我们向成县光辉的过去和美好的明天致敬，向擘画成县现代化蓝图的建设者们致敬，向成县大地上的每一山每一水、每一花每一草、每一个地名致敬！

编者

2023年5月27日

目 录

千年古县·陇上江南——成县 …………………………………………………（001）

碑林奇葩《西狭颂》 ……………………………………………………………（005）

陇上峨嵋鸡峰山 …………………………………………………………………（008）

陇右西湖裴公湖 …………………………………………………………………（010）

桃源仙境凤凰山 …………………………………………………………………（012）

千古草堂万古芳 …………………………………………………………………（013）

世功保蜀忠德碑 …………………………………………………………………（016）

吴公保蜀城——上城 ……………………………………………………………（018）

马融传经绛帐台 …………………………………………………………………（020）

成县革命烈士陵园 ………………………………………………………………（022）

庄严神奇五龙山 …………………………………………………………………（024）

支旗村名溯源 ……………………………………………………………………（025）

柏树梁的生态奇迹 ………………………………………………………………（026）

陇原明珠话厂坝 …………………………………………………………………（030）

古镇都会说红川························(033)

城古寺与下辨古城······················(035)

郡望古村下索椤························(037)

府城与龙门寺··························(040)

陶瓷有史说尖川························(042)

将利县的传说··························(043)

敞河坝与称金坡························(044)

深山乐土桂花村························(046)

杜甫在同谷的传说······················(048)

李崖豆腐解了张飞之困··················(050)

石门峡与三国古战场固山················(051)

大云古寺胜迹多························(053)

大川坝和"踩福字"民俗··················(055)

福地洞天五仙山························(057)

清幽芬芳香水洞························(060)

千古风流八景楼························(062)

蓬莱仙境话甸山························(065)

瑶琳迷宫金莲洞························(067)

天开一线浪沟峡························(070)

目 录

奇拔挺秀东岳庙 …………………………………………………(072)

历史胜迹太祖山 …………………………………………………(075)

旅游胜地泥功山 …………………………………………………(078)

唐成州治所宝井堡 ………………………………………………(080)

狮子洞之名的由来 ………………………………………………(083)

成州人民的母亲河——东河 ……………………………………(084)

辨水悠悠润成州 …………………………………………………(087)

梁山神泉传佳话 …………………………………………………(088)

仙苑胜地金石殿 …………………………………………………(090)

甘露瑞降堡生辉 …………………………………………………(092)

天工神雕凤凰台 …………………………………………………(093)

成州门户石碑寨 …………………………………………………(095)

雄关险隘固金汤 …………………………………………………(096)

将军山与邵总村名的来历 ………………………………………(098)

山中旅舍有官店 …………………………………………………(099)

竹篮寨泥塑俏四方 ………………………………………………(100)

春场坝与"打春"习俗 ……………………………………………(102)

苏元五花石名传域内外 …………………………………………(103)

仓泉水美忆古贤 …………………………………………………(105)

龙池湫潭纪沧桑 ……………………………………………………………（106）

成县人民政府驻地——城关镇 …………………………………………（107）

成县历史沿革 ……………………………………………………………（108）

成县地名与有色金属矿藏 ………………………………………………（110）

参考文献 …………………………………………………………………（113）

千年古县·陇上江南——成县

成县地处华夏腹地中心，位于甘肃省东南部，山川秀丽，人杰地灵，风土之盛，襟带秦陇，素有"陇上江南"之称。

成县属嘉陵江流域，县境东西长52千米、南北宽55千米，总面积1 676.54平方千米，有耕地41.6万亩（1亩≈666.67平方米），林地61.5万亩，森林覆盖率达48.5%。全县辖17乡镇，总人口26.8万。由于得天独厚的地域优势，境内气候温润，夏无酷暑，冬无严寒，四季分明，年平均气温11.9摄氏度，降水量650毫米，无霜期210天，有"天然氧吧"的美誉。

20世纪80年代初成县裴公湖全景

成县为暖温带半湿润气候区。优越的自然条件，形成了良好的生态体系，适宜于种植业、养殖业、加工业的发展。考古发掘证明，成县在旧石器时代和新石器时代就有人类活动。县境内先后出土的金、铜、银、铁、玉器等历史文物证明，远在商周时期，这里就已经被开发，历来为综合性的农业区域，盛产小麦、玉米、水稻、豆类、荞麦、油菜、核桃、蚕丝、花椒、蜂蜜、药材等多种传统土特产品。蕴藏于南北山区的矿产资源，品种繁多，储量丰富。金属矿藏主要有铅、锌、金、银、铜、铁等，非金属矿藏主要有大理石、花岗岩、石英石、冰洲石等。其中，铅锌地质储量约1100万吨，成县有国内第二大铅锌矿，品位高、储藏浅、易开采，成为继白银、金川之后甘肃第三个有色金属工业生产基地；大理石储藏量92亿吨，品类齐全，质地细腻，花纹艳丽，居全省第一位。

成县悠久的历史积淀形成了众多的人文景观，特殊的地理位置和漫长的沧桑演变造就了许多独特的自然景观。全县有国家、省、市、县级文物保护单位13处（其中国家级文物保护单位两处，省级文物保护单位一处）。现存古石窟有睡佛寺、云梯寺、龙神阁、观音崖、黄崖窟、达摩洞等6处。已探明和挖掘的仰韶文化、马家窑文化、齐家文化、寺洼文化等遗址20余处；另外还有文化品位较高的春秋、汉代、宋代等墓葬群13处；有龙门、固山、紫金山等古战场遗址多处。成县在历史的长河中曾孕育了《西狭颂》《耿勋表》"绛帐台""裴公湖""杜公祠""吴挺碑"等灿烂的文化遗产；也曾孕育了汉代著名书法家仇靖、仇绋，唐代诗人同谷子，宋代抗金名将张诏、张威，明代"忠节侯"张子明、苏州知府汪浒，清代京官、嘉庆皇帝侍读老师张恕等著名人物。历代文人骚客、名将显宦如东汉经学大师马融，蜀汉丞相诸葛亮，名将张飞、马超，唐代诗圣杜甫、画圣吴道子，宋代诗人陆游、晁说之、游师雄，抗金名将吴玠、吴璘、吴挺和杨文广，清代诗人宋琬等，都曾在这里留下了遗迹。

成县自然旅游资源也非常丰富，境内山清水秀，风景宜人。众多的峰、谷、岭、崖雄奇秀美，溪、涧、泉、瀑潺潺有声，百卉千花馨香袭人，是西北地区少有的天然氧吧。密布全县的旅游景点就有143处之多。1985年，成县被国务院列为108个对外开放县之一，2007年又被联合国非物质遗产保护组织中国分部确定为全国33个"千年古县"之一。这里融名胜古迹、自然风光、民俗风情于一

三国古战场遗址：成县东南固山

成县出土文物：战国青铜壶

体,有鸡峰山国家森林公园、全国重点文物保护单位西峡颂风景名胜区、吴挺碑,有五仙洞、大云寺、泰山庙、甸山、金莲洞、泥功山、尖山子、石门峡、浪沟峡、香水洞、仙人崖、五龙山等风景名胜,还有新建成的滨河公园、水上音乐喷泉,构成了独具特色的旅游景观,吸引着众多游客流连忘返,成为麦积山—九寨沟国家黄金旅游线上的璀璨明珠。

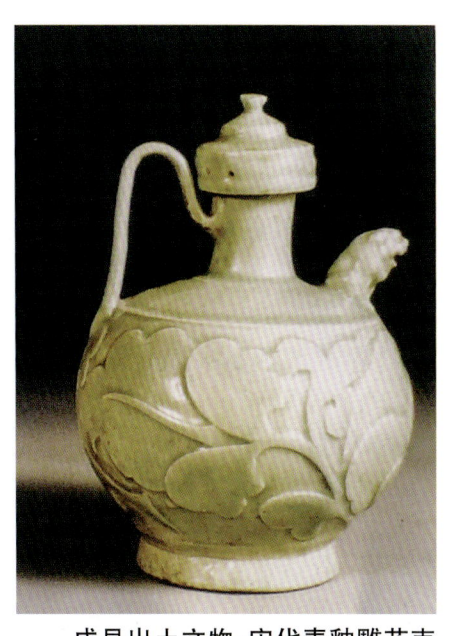

成县出土文物:宋代青釉雕花壶

成县区位优势明显,省道江武公路纵贯县境,调控陇东南电力供应的330千伏变电所和供应三省数十县的兰成渝输油管道分输站均在城西工业园区;建于县城东北方向石家沟的陇南支线机场已于2017年10月份竣工投入运营;地跨县境的十天、成武高速公路和兰成渝天然气输送管道已相继完工;全市唯一的一所高等学校坐落在县城河东开发区。目前,成县正逐步成为陇南北部五县的交通枢纽,全市的文化、经济、商贸、能源和信息中心。

党的十一届三中全会以来,特别是近几年,成县不断发生着新的变化,英雄的成县人民在党的领导下,立足构建"生态成县、文化成县、和谐成县、富庶成县"的宏伟目标,大力实施"工业强县、农业稳县、产业富县、科技兴县、旅游活县"的五大战略,努力将资源优势转化为经济优势,逐步建成五大工业体系和五大农业基地。工业已成为全县国民经济的重要支柱,初步形成了以甘肃厂坝有色金属有限责任公司、成县祁连山水泥有限责任公司、红川酒业集团有限责任公司、毕家山矿业有限责任公司等为骨干的特色支柱产业。非公经济步入了健康发展的轨道,通过旧城改造和新农村建设,城市面貌焕然一新,农村变化日新月异,人居环境得到很大改善。全县金融、保险、科教、文化、卫生、通讯、广播电视等社会事业出现了喜人的局面。

在经济社会持续、快速、稳步发展的过程中,成县先后荣获"全国基础教育先进县""全国科技先进县""全国生态环境建设示范县""全国绿化模范县""全国长治工

20世纪80年代成县高抬演出一角

程样板县""中国核桃之乡""全省精神文明建设先进县""全省双拥模范县""全省文化先进县"等10多项殊荣。

回顾过去,喜看现在,展望未来,无论是从山清水秀、气候宜人来说,还是从历史悠久、现代化建设诱人而言,成县都堪称"陇上江南",从城镇到乡村,从川坝到山区,到处是物阜民丰、欣欣向荣的景象。

古成州——新成县,在建设小康社会的征途上,同谷大地一定会更加日新月异,越来越美好!

(撰文、摄影:张忠)

碑林奇葩《西狭颂》

《西狭颂》摩崖石刻位于成县西12千米处的天井山下鱼窍峡中，因被誉为"华夏第一汉隶"的《西狭颂》中有"郡西狭中道"一语，而被古今学者称之为"西狭"。唐宋八大家之一的曾巩写过一篇《西狭颂》的散文，"西狭"之名由此而蜚声中外。

《西狭颂》(即"惠安西表"，俗称《黄龙碑》)摩崖高220厘米，长340厘米，上有篆额"惠安西表"，为此摩崖本名。铭文20行，满行20字，计385字。主要简述了武都郡太守李翕的生平家世、政绩及主持修治西狭栈道的经过，歌颂了他的君子之度和施惠于民的功绩。颂后有题名12行，记述了参与修治栈道的郡掾、府掾属的姓名、籍贯和职名。紧挨铭文右侧，为线刻岩画《五瑞图》，镌有黄龙、白鹿、木连理、嘉禾、甘露降，皆祥瑞之物。其摩崖雄迈疏宕，方整宏伟的汉隶真迹和图文并茂、珠联璧合的石刻，充分体现了1800多年前汉代雕刻艺术的独特风格及我国古代雕刻大师卓越的艺术才华。

《西狭颂》拓本照

距《西狭颂》摩崖东约500米处，在鱼窍峡北侧的峭壁上，镌刻着西狭的第二块摩崖石刻《汉武都太守耿君表》。此摩崖高220厘米，长约210厘米，每行字数不等，计454字，主要记述了武都郡太守耿勋家世传承及其赈灾济民、冶铜铸币、兴利除弊、补修西狭道路之政绩。惜乎此摩崖裸露于凌空向阳之直面峭壁，其上了无遮蔽，难避烈日暴雨对岩壁曝晒和浸蚀，原刻漫漶严重，今可辨识者仅十之有三，但其残存文字，仍为现存汉隶不可多得的珍品。

《天井山记》摩崖，据南宋金石学家洪适《隶续·卷四》称："近岁武都樵人斩刈藤蔓，始见石上有天井刻字。"另据岑建功《舆地纪胜补阙》所载："据老农云：往年雷霆震崖仆地，此碑不知所在。"今刻石已荡然无存，但幸洪适《隶续》录有全文。

另据当地学者考察，在《西狭颂》摩崖西段新发现东汉章帝刘炟元和二年（85年）所刻《汉将题刻》摩崖，早于《西狭颂》摩崖86年，摩崖虽仅存10余字，但其年代久远，书法风格独特，是迄今甘肃境内发现最早的汉代摩崖石刻。

未修碑亭前的《西狭颂》摩崖

以《西狭颂》为代表的西狭摩崖石刻，作为文化瑰宝，它开创了成县历史上重文尚艺的先河，也演绎了许多感人至深的传说故事。

传说南宋绍兴间，成县有一青年学子张伦，曾在私塾苦读诗书。他家有一远房亲戚住在天井山半山的村子里，这地方没有人间红尘的喧扰，唯有幽谷、古木、寒泉的景致。张伦一有时间就去那里赏红叶如织，观野果缀树，吸清新气息，听野雉鸟鸣，每日与黄龙碑为伴，临摹古人的杰作。时日一长，功夫日深。乾道初，他终于金榜题名，进士及第。乾道九年（1173年）中秋日，左从政郎成州州学教授蒲舜举受乡人之托，撰写了《广化寺记》，张伦用楷体书写了442字的碑文。通篇铭文笔意有柳体骨力和欧字法度，落笔一丝不苟，章法雄健工整，一时被传为佳话。

五瑞图拓本照

长期以来，在西狭还流传着一些美妙的传奇故事，如仙女湖、凤凰谷、青龙头等，寄托着人们美好的愿望和希冀。

(撰文、摄影：张忠)

陇上峨嵋鸡峰山

云海中的鸡峰山

鸡峰山，史称鸡头山，俗称鸡山。海拔1917米，历来为甘、陕、川毗连地带佛教禅宗胜地之一，素有"陇上峨嵋"的美誉。1999年5月被国家林业局公布为国家森林公园。鸡峰山，因"奇峰孤耸、直入云际、状似鸡首"而得名，自古为世人所倾倒，有人称它兼有泰山之雄、华山之险、黄山之奇、峨嵋之美、匡庐之秀，囊括了天下名山之精华。故远自秦汉以来，就是帝王将相、名儒显宦、骚人墨客寻幽探胜、吟咏抒怀之地。《史记·秦始皇本纪》载称："二十七年，始皇巡陇西、北地，出鸡头山。"清乾隆六年（1741年）《新纂直隶阶州成县新志》（以下简称《成县新志》）记载："史称秦始皇西略，登鸡头山，命宫娥吹箫，使长子扶苏兼蒙恬军。"传说，当时漫山遍岭响起了齐呼"万岁"的声浪，"山呼万岁"的典故，从此便流传开来。《成县新志》还称："汉武帝过回中，登崆峒，至鸡头山。"相传唐太宗李世民狩猎也登临过此山。这些历史文字的记载和优美的民间传说，使鸡峰山声名大振，佳誉远播。

鸡峰山集风光、名胜、神话、宗教于一体，代表着人类文明童年时代的理性精神与人文精神的完美结晶，它曾是一块远离战乱、民风淳厚、安宁和谐的乐土，加之秦始皇、汉武帝、唐太宗的临幸，遂遐迩闻名。

据传，宋徽宗政和二年（1112年）春，成州大旱，面临着饥荒，崇仪郎赵清臣率领善男信女数千人到鸡山罗汉洞祈雨请水。三天后，果然下了一场大雨，稼禾获救。

赵清臣捐俸在鸡山修建了一座"生佛阁",感谢神灵的恩惠。从此,远近朝山赴会进香的人,踵趾相接,络绎不绝。

鸡峰山之所以遐迩闻名,还缘于峒峪峰之传奇。考诸金石遗存,鸡峰山左一峰,卓然特立,据传说此峰脉接峨嵋,峙峤峪崿,因名峒峪。其峰磅礴峻巍,山巅有峒峪寺。这里的佛事活动始于汉魏,盛于唐宋,历代多有修葺,构成了仙山奇特秀逸的雄浑布局,具有其他寺庙所不具备的空灵秀丽和雄伟气势。登临绝顶,殿宇飞栋凌霄,惊疑天半,彩云缭绕于碧空,祥瑞闪烁于云端,可谓峨嵋第二洞天。

20世纪80年代初期的鸡峰山峒峪峰

厚重的历史文化给鸡峰山增添了丰富的内涵,优越的自然条件营造了唤起万物峥嵘的生态环境。自古以来,一些风流倜傥的文人墨客,或经纶满腹的达人哲士,多来拜谒吟咏,听梵音洗耳,为人间赏心乐事。近代著名诗人高一涵有一首诗写道:"悬崖如削鸟猿愁,老至翻夸足力遒。缥缈仇池差露首,嵯峨泰石亦低头。高吟恐触群星坠,放眼能将八极周。冉冉烟云生脚底,等闲竟作太清游。"诗人将鸡峰山的雄、险、奇、秀、美融于一诗中,更显得禅意缥缈,余韵不绝。

人文、历史与自然相融合,信念、神性与诗意相辉映,巍巍的鸡峰山承载着悠悠岁月中无数人的幻想与希望。

(撰文、摄影:张忠)

陇右西湖裴公湖

胜日寻芳兴味长，

圜桥屹立碧方塘。

新荷才馥微风送，

不减西湖十里香。

这首七绝，是清初诗人葛时政歌咏成县裴公湖夏日美景的生动写照。

20世纪80年代初期的裴公湖（东湖）

裴公湖，俗称莲湖，始建于唐武后天授年间，为成州刺史裴守真所建。据神话传说，这里的泉水是龙宫的酒溢出来的琼浆玉液，饮之可以长生不老，裴守真便在此凿湖，并植新荷。裴守真，绛州稷山（今新绛县、稷山县等地）人，博学通礼，多才善谏。相传，在出任成州刺史时："为政不务威刑，甚为人吏所爱，俄转宁州刺史，成州送出境者数千人。"（《旧唐书·裴守真传》）他在成州任上，政绩卓著，远近称之，尤以凿湖植莲传为美谈，民嘉其功，将所凿之湖誉称为"裴公湖"。清康熙三十三年（1694年），成县邑令胡承福在《同谷八景说》中云："若夫回视城中，池比西湖，历久弥韵，则为裴湖冉香者是。自唐裴刺史引水凿湖，手择遗千百年而未有坠，湖心有亭，亭畔有桥，前曰：云锦；后曰：霞漪，景斯美矣！"从这以后，裴公湖又有了"陇右西湖"的美称。

唐代裴公湖旧址，传说原有清泉九眼，清碧澄澈，味极甘美，且终年不涸。无论是干旱炎热的酷暑，还是连续多雨的季节，或是寒风凛冽的隆冬，泉水永远保持在一定水位，故而成为裴公湖的主要水源。

九眼泉，可能是指这地方有九眼清泉而言，古时人们常用"九"来表示数量的众多。其实在裴公湖附近，颇多晶莹清冽的佳泉，如遐迩闻名的仓泉、金泉、流金泉等。这些佳泉不仅以清净的水色和可口的水质，诱人喜爱，而且给裴公湖赋予了永不枯竭的理想水源。

仓泉位于裴公湖东北侧，不仅水色明净，甘冽清醇，而且水量丰富，在裴公湖周围诸多泉水中，尚有"仓泉据州，背山面池，且武闉冠几稀"的记述。关于仓泉的来历，还有一段古老的传说。据《后汉书·仓颉传》载："仓颉，黄帝时为左史，生而神圣，有四目，观鸟兽之迹，体类象形而制字，以代结绳之政，字成，天雨粟。"传说，有一日，仓颉有缘来到地处西陲的下辨紫金山下，静观天象，一时觉得口渴难忍。正当焦虑之际，忽闻山下泉水汩汩，他情不自禁地掬饮几口，顿觉清爽汗消。自此，人们便把这眼泉水誉为"仓泉"，意即其神灵之气，上应天仓，泉水涌则而粟米下，隐含风调雨顺、五谷丰登之意。

裴公湖周围的泉水，之所以清冽甘甜，四时沸涌不竭，自有其一定的科学道理。原来紫金山、裴公湖一带的地下岩层属砂岩，这里透水性较好的砂岩层自北向南倾斜，有较大的面积承受降水，仓泉和裴公湖恰在砂岩倾斜的下方，正好承受着岩层层面向下渗流的地下水，即使长久不雨，仍有丰富的地下水源源不绝地流向"仓泉"和"裴公湖"。

（撰文、摄影：张忠）

裴公湖湖心亭原照

桃源仙境凤凰山

北宋宣和四年（1122年），著名文学家、成州知州晁说之撰写的《濯凤轩记》云："成州凤凰山乃以凤凰之正名名之，亦国中富乎山者也。"

《舆地碑记目》载："在成州凤凰山，有唐天复七年天雄军指挥使、知成州李彦琛修经阁碑，判官韦汶撰。"

《名胜志》《旧通志》亦云："成州凤凰山有唐公李虎庙，修经阁碑即在庙内。"

清乾隆六年（1741年）黄泳纂《成县新志》记载："凤凰山在县东南七里，秦始皇西略登鸡山，宫娥有善箫者，吹箫引凤至。汉世有凤凰栖其上。山后有龙池，有唐李彦琛修经阁，前有迸玑泉、张果老洞。旁有台，曰凤凰台，台下有万丈潭，其深莫测。杜甫祠在其口，有诗云：龙亦积水蟠，窟压万丈内。"

这些文献典籍的记载和扑朔迷离的神话传说，使凤凰山成为人们心目中的桃源仙境。

（撰文：张忠；摄影：张京沪）

成县凤凰山远眺

千古草堂万古芳

杜公祠为成州八景之一,历史悠久,其始建时间仅次于成都浣花溪少陵草堂,为秦、陇、蜀、荆、楚、豫等地修建很早的杜甫草堂之一,亦称"杜工部祠堂""同谷草堂""子美草堂""诗圣祠",建于北宋宣和三年(1121年)。宋代文学家、诗人、时任成州知州的晁说之在《成州同谷县社工部祠堂记》中说:"同谷秀才赵维恭捐地五亩,县涞水郭憓始立祠,而属余为之记,使来者美其山川,而礼其像,忠其文。"其址正好位于今成县东南凤凰山下,飞龙峡口。这里水带山环,霞飞雾落,峡水奔腾,百鸟争鸣,风景宜人。当年诗圣在流寓四川途中,曾于此"结茅而居,后人感其高风,即其址立祠祀之"(见《广舆记》)。草堂建成后,从南宋到元代,连年战乱,兵刀相继,祠宇年久失修,濒于倾圮。直到明万历四十六年(1618年)春,成县教谕管应律才奉命修复。其后在清光绪十一年(1885年)成县知县李焌再次修葺。1942年,成县县长陶自强发起扩修,草堂墙瓦户牖焕然一新,虽不能与浣花溪媲美,仍不失为陇右一旅游胜地,每年春秋二季祭祀不绝。自古以来,一些风流倜傥的文人墨客,或者经纶满腹的高人隐士,多来拜谒吟咏,听风涛水吼,为赏心乐事。

20世纪80年代初,在文人墨客和地方群众的积极倡导下,甘肃省文化厅拨专款进行了全面维修,并正式对外开放,接待游人。

近年来,杜甫草堂在原基础上又经重修,风姿胜似往昔。

20世纪80年代的成县杜公祠

修葺一新的杜甫草堂在一片花木掩映之中,布局严谨、气势恢宏、极富艺术魅力,恰似一座积淀丰厚的诗歌殿堂。草堂主体建筑为"三进",从山脚拾级而上,首先是仿唐牌坊,牌坊门楣匾额榜书"杜少陵祠",为当代著名书法家启功所题。进了牌坊,沿中轴线往上为草堂大门,进入院内,南北各有一排厢房,系展览室,陈列有反映杜甫诗意、行踪的名人书画、摄影作品和杜甫陇右行踪路线,可供学者、游人研究参考。穿过庭院,上几级台阶,二门两边,原刻有一副明代楷书板联:"一片忠心微寓歌吟咏叹;千秋诗圣独追雅颂风骚。"走进二门,是一座清幽高爽的祠院,宋、明、清历代镌刻的祠碑诗碑分别镶嵌在左右墙壁间。三棵幸存下来的古柏傲然耸立,苍劲挺拔,配上崇檐翘角的正殿,更显得雅静肃穆。过去祠院里有八棵古柏,一丛海棠,门前还有一棵古槐,古称"八柏一槐海"。对此,外人不知其故,然而同谷百姓心中有数:八柏,寓意从当时的京都长安到成州同谷县要走八百里(400千米)路程;一槐,即永远怀念杜甫之意(怀与槐谐音);一海棠,其含义据说杜甫母亲名讳为海棠,故借此花名记。

这一切将同谷百姓的景仰和怀念表现得淋漓尽致,每一个前来旅游的人,目光中都流露出深深的崇敬,每一个瞻仰后即将离开它的人,目光中都饱含着依依的眷恋。如果凭借杜甫的诗篇到草堂寻觅诗人的踪迹,会使人心情愉悦,雅兴倍增。

在修葺后的草堂前久久地徘徊,凝视着这里的祠宇碑碣、一泉一溪、一花一木,游人的思绪就像草堂后的清泉一样潺潺流淌,不时溅起晶莹的感情浪花。遐想悠悠,哀思绵绵,眼前仿佛出现了一个身影:方巾青衫的诗圣,形容枯槁、面容憔悴,峡

20世纪60年代的成县杜公祠

风吹动着他的胡须,撩动着他的襟袖,他一边缓缓行进,一边低沉地吟咏:"坐看彩翮长,纵意八极周。自天衔瑞图,飞下十二楼。图以奉至尊,风以垂鸿猷。再光中兴业,一洗苍生忧。"这声音虽低,但却铿锵有力,回荡在同谷大地,回荡在万里云天,穿越历史回荡至今。杜甫弃官华州,漂泊陇右的几个月时间里,寄食故人,穷愁潦倒,已无回朝为官的希望,但他仍然热情关心国家命运。杜甫竭诚报国,但境遇坎坷,满腔抱负

20世纪60年代的成县杜公祠全景

无法施展,一度在政治旋涡中沉浮,一生近于悲剧,但他没有因此消沉,反而爱国之情更为强烈,吟咏之声更加雄强,这就是我们中华民族引以自豪的大诗人杜甫!

"天地尚留诗稿在,江山亦藉草堂传。"这出自先贤的诗句,道出了历代人民的心声。同谷的百姓诚然不会用政治家的眼光去审视杜甫,千百年来,他们总是用独特的方式表达对杜甫的仰慕。据传,从北宋,杜甫草堂就开始了其漫长的兴衰史,之后的朝代更替,只要有短暂的安宁,遭受倾圮的杜甫草堂就会在飞龙峡口、万丈潭边重新矗起。这是因为在同谷百姓的心目中,杜甫的伟大不仅仅在于他那被称为"史诗"的诗歌,更在于他为国家兴亡、民族利益忍辱负重的奉献精神。杜甫被神化成了一种意象,静静地流淌在百姓的期望之中。杜甫作古后,天下同仰,同谷百姓怀念他,敬重他,给草堂附近的石谷、石崖、石泉,分别冠以"子美谷""子美崖""子美泉"的美称,以寄托对这位伟大爱国诗人的怀念。

如今,当游人站在诗圣当年行吟的万丈潭畔,心中无不激荡着景仰和激动的炽烈感情。同谷的山是那么青,同谷的水是那么秀,同谷的天是那么灿烂,同谷的人是那么钟情,一颗伟大的诗魂将永生在同谷的怀抱中。

(撰文、摄影:张忠)

世功保蜀忠德碑

出成县城北一千米，有一座《世功保蜀忠德之碑》，是宋宁宗嘉泰三年（1203年）为太师、卫国公吴挺所立的神道碑，俗称吴挺碑。

吴挺（1137—1193年），字仲烈，宋德顺军陇干（今甘肃庄浪县水洛城）人，他的伯父吴玠和父亲吴璘都是南宋时期名冠秦陇的抗金名将。吴挺是吴璘的第五子，从小就受到父亲的熏陶和影响，青少年时从父抗金，骁勇善战，屡建奇功。宋孝宗曾说："挺是朕千百人中选者。"

乾道三年（1167年）吴璘去世后，吴挺代父为将，治军大有父风。当时南宋朝廷已与金人媾和，他"虽居无事，日当有事之备"，修堡御，缮戎器，储军粮，以防不测。他还注重发展生产，兴利除害，体察百姓疾苦。淳熙十年（1183年），成州、西和一带发生大灾荒，吴挺分军粮救济灾民，"全活殆数千万"。吴挺少起勋阀，身为将帅，但"弗居其贵，礼贤下士，虽遇小官贱民，不敢怠忽，拊循将士，人人有恩。""武兴之民，家家有公像，饮食必祝焉。"绍熙四年（1193年），吴挺卒于任，归葬于成州。

吴挺碑距今已有800余年，碑高5米，两面刻字。碑文分为3段，碑额篆书"黄帝宸翰"4字，中为宋宁宗御书"世功保蜀忠德之碑"，中刻有敕名之宝玺，又正书"修正殿书"4字贯其中；下为吴曦（挺子）所撰《感恩表记》。碑阴额篆书"世功保蜀忠德之碑"，下为实录院同修撰高文虎奉敕所撰、朝奉大夫陈宗召奉敕书

20世纪80年代的成县吴挺碑

丹的碑文，为八分书，凡7000余言，碑文生动地记述了吴玠、吴璘、吴挺等领导秦陇人民抗金保蜀的光辉业绩，还有其兴修水利、防洪抗灾、发展生产的德政。

古往今来，当地群众亦有仲春祭碑和祭拜儿女的习俗。

(撰文、摄影：张忠)

吴公保蜀城——上城

在成县县城西北角,有一孤峰屹立的山塬,它曾是一座山城,山从平地拔起,从正面看端正庄严,从侧面看挺拔秀丽,每当旭日东升,晓霞映耀,整个山塬就像披了紫袍金带,故名"紫金山"。

沿裴公湖北坡一条曲折的石磴上山,行至山腰,折东继续攀登,即到达山顶。站立崖头,极目远眺,万山环拱,四周数千米的奇胜景色,像浮雕一样的整座县城呈现在眼前,使人心旷神怡。每当夏日的清晨,从紫金山巅南望,天空展开橘红色的帐幕,在那雾蒙蒙的仙人崖与天幕之间,浮现着绚烂的彩霞,朝阳挂在凤凰山顶上,焕发出金黄的光焰,渲染成满天的云霞,幻化万状,辽阔的天际涌现出一幅幅万紫千红、绚烂奇丽的美锦来。

紫金山,因地势险要,历来为兵家必争之地。南宋时,抗金名将吴玠、吴璘、吴挺先后驻节于此,故又称"吴公保蜀城",俗称"上城"。这里,曾一度为吴家军最高军事指挥中心。

清成县邑令吴山涛登吴公保蜀城有诗云:

> 寨势凌云起,吴王有故宫。
>
> 蜀关于设险,宋垒不为空。
>
> 赑屃铭高伐,麒麟卧晓风。
>
> 嘉陵江上水,百折必流东。

这首诗生动描绘了吴公保蜀城的险要,颂扬了吴家军世功保蜀的辉煌业绩。

明崇祯十五年(1642年),邑令谢镛奉命建县衙一所于上城,谢镛在《新建上城县治碑记》中云:"未尝扰民间一文一粒,盖踵宋吴将军之旧址,仿唐杜公部之草堂,虽不能种河阳之花,亦可弹宓子之琴,作者虽劳于一时,而居者实逸于后日。"从此,人们就在这块风水宝地安居乐业了。

成县的古城墙早已拆掉了,现在裴公湖北坡尚留一座古城门,相传是南宋时所筑的上城东南门,门楣上榜书"紫金山"三个隶书大字。距城门不远,靠西北侧有一株古槐,枝叶茂密、参差披复,像一个宝翠珠缨的华盖耸立在湖北侧山头上,这距今800多年的古树,在今天为湖山增色不少。

20世纪70年代中期的上城一角

从紫金山巅取道向北,旧有一祭祀关帝的寺庙,庙门两侧原镌刻着一副称颂关羽武功和圣德的抱对:"临大劫而不可夺也;非圣人而能若是乎?"联语虽短,却比较完整地表现了传说中关羽的形象。现在看到的寺庙,是近几年重新修建的。庙内有雕龙画凤的栋柱,四周挂满帷幕和罗帏,衬以壁画、彩塑,十分壮观。

(撰文、摄影:张忠)

马融传经绛帐台

马融绛帐台,在成县县城西7.5千米处,今名广化,汉顺帝阳嘉初,经学大师马融任武都郡(治所在成县西北)太守时,曾在此传经讲学,留下一段千古佳话。

马融(79—166年),字季长,扶风茂陵人,生于汉章帝建初四年(79年),卒于汉桓帝延熹九年(166年),年88岁。据史籍载:融美容貌,有俊才。从名重关西的挚恂游学,博通经籍。永初四年(110年)拜为校书郎中,在东观典校秘书,因作《广成颂》,讽谏外戚,故10年不迁官,遂自劾而归,又遭禁锢。安帝亲政(121年)后,上《东巡颂》,帝奇其文,召拜郎中。阳嘉初,自中都迁武都太守,颇有政声。桓帝时为南郡太守,为梁冀所诬,免官,髡徙朔方。自刺不死,得赦还,复拜议郎,重在东观著述,以病去官。曾著《三传异同说》,注《孝经》《论语》《诗》《易》《三体》《尚书》《列女传》《老子》《淮南子》《离骚》等,所著赋、颂、碑、诔、书、记、表、奏、七言、琴歌、对策、遗令,凡21篇。

马融在任武都郡(郡治在今成县西北)太守期间,时西羌作乱,政务繁忙。堂堂太守,却能以重教兴学为治郡大事,曾于郡西设帐教授生徒。《后汉书》载:"融才高博洽,为世通儒,教养诸生,常有千数。琢郡卢植,北海郑玄,皆其徒也。"他"善鼓琴,好吹笛,常坐高堂,施绛纱帐,前授生徒,后列女乐,弟子以次相传,鲜有入其室者"。这种儒雅风度,和现代的艺术家颇为相似。因为他为当地树

马融绛帐台故址

立了文风之表,所以后世将其设帐讲学的故址尊称为"马融绛帐台"。北宋元丰四年(1081年),地方乡贤又于台旁建寺,其额曰:广化,即广化寺。

如今的马融绛帐台,还留有许多遗迹,虽历经沧桑,但风韵犹存。

吴道之观音像碑故址

台前是一所学校,一幢新教学楼矗立于绿树掩映之中。楼后正中,自下而上,是七十二台(寓意七十二贤人)石阶,拾级而上,通向幽境。最上面是一块高出四周的长方形平台,两棵古朴雄劲的汉柏并排相对耸立于两侧。据传,这儿就是马融当年讲经论道、谈玄辨易的地方。这里虽然地面狭小,也没有飞檐雕栋、赤柱碧瓦的建筑,但它内涵却是无比宽广,饱含着人民和马融之间的深厚情谊,倾注着后世对马融的深深景仰和怀念。古往今来,不少文人墨客慕名而至,凭吊祭祀,留下了许多珍贵的墨迹。唐天宝初,画圣吴道之云游陇蜀时,曾登临马融绛帐台,并画一观音像,后镌刻成碑,立于台东侧洞窟中,世称"吴道之画观音像碑",俗称"吴道之观音像碑"。清乾隆六年(1741年)编纂的《成县新志》载:"唐吴道之画碑断两截,中伤其手,自前明传来仅存上截。国初有儒童肄业于寺,乃从砌石中寻出下截。"至此,遂成完璧。吴道之所绘观音像,面蕴微笑,慈祥恬淡,质素而雅,庄严而丽,亦属不可多得的吴道之存世作品。可惜的是,这一出自画圣之手的稀世真迹在20世纪60年代中期遭到人为破坏,仅有绝少的拓片传世。现洞窟依旧,洞前两侧立有石碑五通,为明、清两代镌刻。

马融绛帐台是陇右胜境,其遗址与原吴道之画碑故址东西对应,近在咫尺。当年一儒一佛,各展风姿,在小小的坂丘之上,竟蕴藏着中国传统文化的两大精粹。如今的马融绛帐台,环境十分幽雅,每岁春秋两季,旅游观光、寻幽探胜者络绎不绝。

(撰文、摄影:张忠)

成县革命烈士陵园

成县革命烈士纪念碑（烈士陵园前身），原建于裴公湖东北角紫金山下，为砖石混凝土结构，碑阳刻"革命烈士永垂不朽"八字，为郭沫若手书，建于1965年春。后因碑体遭损及地形狭隘，1982年，乃择地重建，落成于县城西北隅山塬上。2008年5月12日地震中，纪念碑严重受损。2014年，甘肃省民政厅投入200万元，对地震中严重受损的成县革命烈士纪念碑进行扩修，建成了成县革命烈士陵园。

新建成的成县革命烈士陵园占地面积3000平方米，由革命烈士纪念碑、革命烈士纪念馆、广场、墓区4部分组成。纪念碑采用大基座琉璃瓦屋顶建筑形式，白色碑体，碑帽上嵌五角红星，碑的下面镌刻着全国政协原副主席肖华书写的"革命烈士永垂不朽"八个金光闪闪的大字，色彩夺目；碑的背面刻有概述红二方面军在成县与敌激战和对烈士表示悼念的碑文。碑座四周是造型别致的花式围栏，幽静曲折、自然成趣，和纪念碑相辅相成，相得益彰。纪念馆陈列着珍贵的照片、文字资料和部分革命烈士的遗物。一篇篇史料、一帧帧照片、一件件实物，见证着革命烈士的家国情怀、坚定的理想信念和为民族解放勇于牺牲的大无畏精神。在墓区还迁葬了不同时期的革命烈士21名，并建立了统一的墓碑，分别镌刻了碑文。

每当清明节前夕、国家公祭日、五一、国庆、春节等重大节日期间，县直各部门积极组织各界人士、中小学校学生、驻成部队官兵等，到革

成县革命烈士纪念碑

命烈士陵园举行祭悼活动,使这里成了进行爱国主义教育、革命传统教育和理想信念教育的重要基地。

(撰文:张忠;摄影:张小芹)

庄严神奇五龙山

五龙山

　　五龙山，位于成县县城西北7.5千米处，坐落在连绵的群山之中。山的北面有五道山梁逶迤向南延伸，夏时雨过，山气弥漫，如五条巨龙向前浮动，故名。

　　传说，很早以前山顶有一道士梦与神遇，其时雷电晦暝，环顾往视，则有五龙于其上，时而有声。道士以为，龙光瑞像出现，乃为福德之地，遂募化四方，在山顶建起了道观，以阴历三月初三日为庙会。多少年来，这一习俗历久弥新，流传不衰。

（撰文、摄影：张忠）

支旗村名溯源

支旗村,位于成县东郊1250米处,东依烟墩山、南接李武村、西临东河堤、北连河东区,省道江武公路纵贯全境,陇南路穿村而过,区位优势明显,是县城东部重要的农商贸中心,现为成县城关镇驻地。

支旗村,古名支旗寨,为唐宋以来县境16寨之一。寨,指古代用于防卫的营垒;旗,指上画熊虎图像的旗帜,又指古星名,东北十二星曰旗。可见支旗寨历史之悠久。

明太祖洪武二年(1369年),明朝开国元勋徐达率军西征,破元将李思齐、张良臣,抚定陕西,成州入属明,初隶陕西等处行中书省之巩昌府。洪武九年(1376年),改行中书省为承宣布政使司。当时,徐达西征时麾下有支、张、刁、寇、秦5位部将,因年事已高,不宜再随军作战,徐达就上奏朝廷将他们安置在依山傍水的县城东郊定居。因排行以支姓为首,故名支旗寨。

村东烟墩山冉家坪为新石器时代古遗址,20世纪80年代曾发掘出土战国时期红陶釜、陶盆、铜釜和古钱币多件(现存县博物馆)。这些器物是当地历史文明悠久、文化积淀深厚的佐证。

支旗古村历来就有尚文重教的优良传统,改革开放以来,文教卫生等各项事业获得蓬勃发展,境内有小学2所、独立初中1所,有中心卫生院、村卫生室、社区卫生室3所,学生就读、村民就医十分方便。

支旗建村设寨,迄今已有1000多年之久。在漫长的历史岁月中,作为一个古村,曾留下了许多值得后人怀念的轶事趣闻。

岁月如流,80余载时光,历史沧桑愈加深刻地沉淀着人们的初心与使命,在建设小康社会征程中,书写着穿越时空的信仰答卷。

(撰文:张忠)

柏树梁的生态奇迹

朝霞顶着一抹彩云，喷射出耀眼的霞光，乳白的晨雾像缦纱轻轻地飘散。遍野孕穗的麦苗，把大地装扮成了绿色的海洋。天际排列着一丛丛低矮小山，自北向南，逶迤起伏，宛如一串碧绿珍珠，散落在成县大地上。

驱车离开县城，朝东北方向不到一刻钟，就到了即将建成的陇南成县机场。沿着坦荡如砥的跑道漫步至中段，那巍然屹立在南侧的航站楼和宽敞明朗的候机室，便清晰地呈现在眼前。跨过跑道，向北步行100多米，只见一座叫大坡的山梁上耸立着一株形姿卓异的古柏，铮铮铁骨，婆娑临风，浑身黛绿，似乎从枝干中正在喷涌一股青色的力量，使人凛然。靠南的主干和偏北的侧干像雄鹰的两只巨翼，虬枝神逸，风吹动着满树的枝叶，仿佛正在讲述着一个久远的故事。

移植成活后的千年古柏

为了记录下即将消失的地名，作为第二次全国地名普查的工作人员，我们对原来的柏树梁和千年古柏产生了浓厚的兴趣。

柏树梁，俗称柏树垭豁，位于成县县城东北7.5千米处，东接店川、西临成川，一条狭窄的土梁雄踞于两座陡峭的山崖之间，历史上这里曾是西秦岭古驿道上的一个关隘，为秦州通往成州的咽喉。传说清政府平定三藩后，康熙皇帝玄烨访贤时曾途经此地,在树下乘凉小憩,对古柏赞不绝口,从此,留下许多脍炙人口的民间故事,流传至今。

古树与人无争,与世无忤,它只能给人间增添绿意,调节气候,送上吉祥,有时候还能为路人遮风挡雨。然而,就是这样一棵树,有时候也难免遭受横来的厄运。历史上的柏树梁一向多灾多难,天旱、饥荒、兵祸、匪患,样样俱全。人和柏树都生活在这块黄土地上,一次次难中求生。天灾,灾树也灾人;人祸,祸人也祸树。古柏默默地记录着这一切,而且远比人的记忆悠长,它有自己的语言,用宽窄不同的年轮,铁青隆起的躯体,深沉黝黑的树洞,来表达它的愤怒与喜悦,记下它经历过的自然和人为的灾难。受战争影响,柏树洞里全是炭灰,村民们便自发担水上梁,浇湿烤焦的树洞,沿柏树周围培土蓄水,古柏终于艰难地活了下来。

古柏见证了一段历史的变迁,也见证了一个个时代的沧海桑田。到了21世纪第12个春天,古柏终于迎来了一个新的机遇的到来:

2012年5月30日,上午。国务院常务会议,批准陇南成州民用机场立项建设。

2012年12月19日,下午3时。甘肃省政府新闻办在兰州举行全省交通重点项目开工新闻发布会,成州民用机场建设项目位列其中,这标志着成州民用机场正式开工建设。

经过3年多时间的紧张施工,2016年秋,机场跑道工程也开始建设。按照设计,2800米长、45米宽的跑道,中段北侧正巧与柏树梁古柏擦身而过。为了国家建设大局,古柏在原址看来是无法存在下去了。

是毁树给跑道让路,还是移植古柏,保住千年名木,一时成人们关注的焦点。

时值古柏为之即将献身,成县群众为古柏难存之事议论纷纷,为之担心、为之惋惜之际,时任成县县委书记李祥得知古地名、古柏树的悠久历史,得知古柏在广大群众心目中的精神寄托与向往后,表明了坚定明朗的态度。他认为,党的十八大提出的"生态文明"这一新概念,是国家"五位一体"总体布局的重要一部分,坚持"以人为本,天人合一",是生态文明的最高境界。他顺应民意,尊崇文化历史传承,向机场建设指挥部说明了县上决策层和广大群众的意愿,阐述古树存在的历史文化价值和现实意义。柏树梁的古柏本身就是一种意念、一种生命、一种风景,它能培养人的生态意识、生态情感、生态思维模式,在社会心理上形成主导性的生态文明载体。经多方争取,机场建设指挥部最终同意投资移植古柏。时任甘肃省委常委、常务副省长黄强在成县视察工作时,也亲临机场建设工地,对移植千年古柏作出指示:"一定要想方设法将古柏移植成活,绝不能辜负人民群众的意愿和期待。"

甘肃省领导以民意为重、以文化传承为重的移树决策一定,消息一时间不胫而走。多次前往古柏树下瞻仰的人们都是一展愁颜,欣悦而回。这号称树中之王的古柏,历经1000多年,盘根错节,雄伟苍劲,满树摇曳的枝叶,仿佛兴奋地讲述一个意义深远的故事,向人们诉说着过眼烟云和历历往事。

古柏生发的新叶一片葱绿

正式移植那天,柏树梁像逢年过节一样热闹,十里八乡的村民都前来观看。陕西省园林公司的工程技术人员使出了十八般武艺,用大吊车将已起开地槽的古柏连带泥土的树桩准备起吊时,因重量严重超负荷,大吊车的臂杆突然断裂,突然的变故使在场群众讶异不已。人们说,这是古柏不愿离开故土啊!园林公司急电总部,让立即派特大型吊车前来支援,第二次起吊按原设计准确到位。古柏按原来方向,缓缓向北平行移动了150米,落入了开挖好的树坑之中,多少人心中绷紧的弦一下放松了。

"好个'神柏'古树,没想到竟神奇般地移活了,真是连做梦也想不到的奇迹!"折家庄村76岁的折福祥老人感慨地说:"柏树梁的老柏树能挪活,多亏了省、市、县的英明决策,为后辈儿孙办了一件大善事!"

折福祥老人从小生活在柏树梁下的村子里,他从老一辈人口中知道了古柏的前世,又亲眼见证了古柏的今生。自从古柏被移植后,他每天一早就来到树下,看着园林公司的技术人员给老柏树"输液吊水",前后4个多月,一天都没停过。

地名专家组成员实地查看古柏移植成活情况

还在树旁修了永固性围栏,定期给树盘里灌水,确保了古柏有充足的水分滋养。

"你们看看,古柏的枝梢上已长出了嫩叶,茂密得很!真的像画一样美!"折福祥老人边比画边说,脸上露出欣慰的笑意。这位淳朴的老人,红润的脸膛充溢着一种粗犷豪壮之气。山村悠然平静的生活,加上对古树的疼爱,使他养成了一副热爱自然、返璞归真的心态。为了早日看到飞机场的建成,为着记录柏树梁历史的变迁,也为了向游人介绍这里的秀美风光,一年四季,阴雨晦明,他天天在山梁上转悠,全身心地投入到保护古树名木的神圣事业之中。

岁月已逝,古树犹存。在当今古树名木急遽缩减的形势下,成县柏树梁千年古柏移植成活,不单是指一般物质的概念,而是融入了人们精神的一个文化符号,创造了一个罕见的奇迹!

风月无边,古树添秀。在建设生态文明的今天,历尽沧桑的柏树梁千年古柏更胜于当年,它是人们一千多年来营造、保护、升华和用以观赏的无价之宝,是人和自然和谐相处的一个象征。保护它,让它完美地传至千秋万代,让新建的机场与这株历史悠远的古柏共存共荣,让千年古县走向未来,走向世界!

(撰文:张忠;摄影:胡露露)

陇原明珠话厂坝

厂坝位于成县东河上游的深山峡谷中，古名"银洞湾"，因盛产白银而得名。这里古为秦州入成州之要津，历史上诸葛亮六出祁山北伐曹魏时，此地为蜀国用兵的重要孔道之一。宋绍兴十年（1140年）金人大举南侵，宋兵在这一带奋勇血战，金兵大败，自此不敢窥蜀。明崇祯七年（1634年）十月，李自成农民起义军从西和、礼县至成县，曾途经于此，传说甚多。因此，古往今来，这里一直是引人注目的地方。民国十二年（1923年），陇南镇守使孔繁锦曾于此兴师动众，开采银矿，兴办银厂。至此，"银洞湾"便俗称厂坝。

厂坝矿矿山全景

孔繁锦雄心勃勃，专门从云南请来炼银名匠，耗资数千大洋，冶银铸币，结果只铸造出了粗糙的"麻麻元"（沙铜板）。后来，国民军入甘，孔繁锦败走，银厂也随之倒闭。

在黄渚关山梁顶上至今尚存一通镌刻于明万历三十八年（1610年）的《保釐永思碑记》。铭文记述了本县高大爷[系士庶对明万历三十八年（1610年）成县知县高如菘的尊称]莅临黄渚维护地方安定及平息地方豪强为争矿械斗的详情。从碑文记载可知，黄渚采、冶银矿由来已久，从地质勘探和厂坝开发建设中发现的古矿井遗址及古炼银炉址，可以确认，这里最晚从明代初期即开始了银的采、冶活动，并经历了明、清、民国等历史时期，延续时间长达580多年，而且点多面广，又有丰富的金石人文史料相佐，对进一步研究西成矿带历史上的早期开发有着珍贵的学术价值和史料价值。

传说，孔繁锦在银洞湾采矿办银厂时，曾挖出200顶草帽残留物。对此，当地曾流传着一首家喻户晓的民谣："清水沟雾气腾腾，上下梁赛过北京。日产万担沙，夜炼万两银，买来千匹马，贩上北京城。"此歌谣传到官府，"贩"字讹传为"反"字，很快传到京城，朝廷传下圣旨派兵剿杀。传说，当时有两位神仙想拯救无辜的矿工，在对面山上击打羊皮扇鼓，但在矿洞深处的矿工们终未听见，于是200名矿工全被冤杀……

厂坝矿主平硐出矿口

这骇人听闻的惨剧已永远成为历史！

新世纪的到来，为中国有色金属工业带来了新的希望，厂坝成为继白银、金川之后甘肃第三个有色金属工业生产基地。

厂坝铅锌矿是1989年国家颁布的49个规划矿区之一，是中国探明的第二大铅锌矿床，资源品质高，矿体赋存好，开发潜力大。2009年以来，按照省委、省政府"一个矿区设置一个开发主体，形成一条产业链"要求，陇南市和白银有色集团公司紧密配合，整合重组矿区资源，组建新的开发主体，本着"尊重历史、公平公正、整合重组、合作共赢"的原则，完成了资源核查、资产评估等基础工作，确定了公司名称、股份比例，制定了较为完整的法人治理结构。2011年1月16日，甘肃陇南厂坝矿区资源整合暨甘肃厂坝有色金属有限责任公司揭牌仪式在兰州举行。新公司在成县登记注册，并正式挂牌运营。

甘肃厂坝有色金属有限责任公司的成立，标志着厂坝矿区矿产资源开发走上了规模化、集约化、科学化发展的轨道，实现了厂坝矿区初级产品在成县境内就地消化,形成了完整的采、选、冶配套产业开发体系,对有效扩大产业规模,提高产业标准化程度,提升资源综合利用水平,进一步促进区域经济社会跨越式发展具有重要意义。

在甘肃有色金属工业发展史上,厂坝矿揭开了新的一页!

(撰文、摄影:张忠)

古镇都会说红川

红川古名桑林镇，唐宋以后称横川，以河谷横亘东西而得名，今名为1958年所改。据记载，红川自古就是繁华富庶之地。清乾隆六年（1741年）编纂的《成县新志》载："横川称都会于东，为百货所集，川之花棉，陕之布匹，悉货于是而火酒之冽尤四方之共推者矣。"传说，唐开元年间，有一从山西汾阳来的酿酒名师，在横川品了酒，传了艺。临走时，他把自己亲手指点酿成的酒，盛满了四只硕大的海子（盛酒用的大型容器），然后加上封盖，对几个徒弟吩咐说："等我离开贵地十里后，再把海子的封盖启开，若我在十里之外，闻到了酒香，那就算真正把酒酿成了。"徒弟们对老师傅感激不尽，特意前往相送，大约走了5千米远，忽然一股沁人心脾的酒香扑鼻而来。从此横川出产的烧酒又被称为"十里香"。到了明、清两代，横川的酿造业更加鼎盛，成了陇上名副其实的酿酒之乡。故1936年出版的首版《辞海》曾将"横川烧酒"以"甘肃特产"收录于书。

随着时代的变迁，横川这一古老的地名曾几次更改变换，给人们留下了难忘的历史记忆。

清乾隆二十五年（1760年），江西南城进士、成县知县陶万达欣游横川苍龙岭，在其精心策划下，将整个景区命名为"苍龙叠翠""万松涛声""天池映月""古老仙洞""石碣凌空""天赐神印""锦屏对峙""松舞干

明乾隆间陶万达甸山题刻拓本照

霄"等8个景点,并赋诗9首。其中"横川有灵山,古石点苔斑。五载仅一访,留句播人间"一首,还用行书刻于观音崖下冻冰楼前巨石上。

陶万达游览横川山水时,有一银髯老者祈请能改一下横川的地名。陶万达问:"为何要改地名?"老者答曰:"这地方常出横事,不吉利。"陶随老者上了镇北面的堡子山,举目向西南望去,古镇横川尽收眼底。只见河水像条银链从一天门顺山根朝北绕流了个"勹"形大弯,中间是块开阔的平川。陶问:"坝子里住的人家都姓啥?"老者答曰:"姓田,这地方叫田家坝。"这时陶早已成竹在胸,一言出口,将横川改为"甸川",将苍龙岭改为"甸山"。横川百姓感激不尽,特为陶万达赐赠了"万民伞"。陶万达可以说是历史上开发成县旅游事业的先驱,享有"陶青天"之美誉。

(撰文、摄影:张忠)

城古寺与下辨古城

城古寺，是建在古城遗址中心的佛寺，地处成县西北5千米处。

经稽考古迹和辨识金石遗存，城古寺始建约在北魏孝文帝太和年间。当时，佛教传播达到顶峰，崇佛建寺之风相当盛行。乡人即在武都郡、下辨道治所遗址创建了寺院，为名城古寺。

据地方耆旧生前回忆，原来的城古寺琼阁玉宇，殿飞霞上，生风云于户牖，交日月于重檐，加以奇葩嘉树晖焕其间，所有建筑虬栋虹梁，绣栌朱柱，榱连绝彩，甍接瑶晖，壮丽崇高，此为其极。盛时，主、客僧众常达数千。

城古寺主体为一进两院，后院依次排列为大雄宝殿、观音殿、玉皇殿，两侧分别为斋堂、方丈堂、念佛堂，前院为伽蓝殿和祖师殿，正前方为寺门。院落间迴廊环绕，气势宏敞。惜这一历史悠久的佛寺，在金人南侵时被焚毁，明、清时在原址重新加以修葺。

民国二十九年（1940年），县府倡导兴学建校，城古寺即于此时改建为成县师范附属小学。故址今为成县第三中学，尚有古柏、桂花、玉兰、木槿等数株名贵花木存世，古时风韵至今犹存。

城古寺遗址位于抛沙河川坝盆地，南对鸡峰山、北依五龙山、西临牛岭山、东靠新堡山，群山环绕如城，以其山川形势之优越，地理位置之险要，成为古代设郡县治所的理想之地。因此地西南有辨水作屏障，东北有高山土堡为险隘，中间回旋余地开阔，极利于攻防守卫。"就其自然风光之美，人文景观之胜，无论今天或遥远的古代，都是建郡设治的首选之地。因此把下辨古城之所在认定于此，是有道理的，也是接近实际的。"（樊军《西狭颂研究·下辨古城今何在？》）

蜀汉景耀五年(262年)绘制的《益州北部舆图》和近代出版的《中国历史地图集》,均将武都郡、下辨道治所显赫地标在成县西北约5千米处,说明城古寺所在地在东汉、三国时期确系武都郡、下辨道治所。

(撰文：张忠)

郡望古村下索椤

在成县县城西7.5千米的地方，有一个叫下索椤的村庄，因古时这里多索椤树而得名，明、清时曾以"索椤春柳"列为成县八景之一；又因这地方是清末成县最后一名选拔贡生朱照文的家乡，故遐迩闻名于世。

这个昔时叫下索椤（今名东罗）的地方是一块善于承载的大地，承载着春红夏绿的色调，承载着文明俱进的姿态，承载着历史步履蹒跚的足迹，也承载着人们的信仰与未来。在动静中，文明的印迹散落于下索椤的大地上。当漫长绵延的时空定格在此刻时，文明的样态，文化的神采，金石的魅力，让我们一同仰望、溯望、回望、祈望……

就在村子东北处一眼叫广龙泉的下方，有一通镶砌于庙墙中的石碑。近前反复观摩，不禁思绪万千。这块晕染着厚重文化气息和大地光泽的金石，上面的文字静静地讲述着那个时代的民俗风情，也讲述着成县西乡郡望繁衍兴旺的历史。碑高220厘米，宽120厘米，厚20厘米，铭文26行，行字数不等，计807字，字径6厘米，楷书，镌刻于清宣统三年（1911年）春。铭文首行为碑名：《例赠朱大人神道碑铭并序》，以下20行为正文，末5行为署名。从署名可知墓志铭竟出自当时京都大家之手。铭文："赐进士出身翰林院编修内阁侍读咸泉安维峻顿首拜撰，赐进士出身军机处领班章京枝江刘庆笃顿首拜校，赐进士出身内阁中书天

清末安维峻、任承允撰书朱儒席墓志铭碑

水任承允顿首拜书,赐进士出身礼部主政陇西祁荫杰顿首拜赠。"

鸿儒硕彦云集成地,可谓极一时之盛。

安维峻(1854—1925年),秦安人,一位让中华儿女难以忘怀的先驱,一个让文人仕朝诵夜的巨擘,是中华民族灿烂精神篇章中一个厚重的标题。拂去历史的云烟,掸去征战的尘埃,一个伟岸的身影,从一个多世纪前渐行渐近。他被伟大的文学家鲁迅称为"中国的脊梁"。

任承允(1864—1934年),天水人,光绪甲午科进士,授内阁中书,后任陇南书院山长,近代著名国学大师冯国瑞即出其门下。他在经学、史学、文学、诗词、书法等方面造诣很深,所书墓志铭书法古朴舒展,精进含蓄,气势开张,苍劲奔放。

岁月流逝,时代变迁,这些大师们虽早已逝去,但他们的思想和理想却一代代被传承下来。对照铭文与有关文献典籍,解读和梳理铭文中的各种记述,使我加深了对安维峻、任承允等国学大师的认识。他们联袂撰书的墓志铭,墓主为当时成县乡贤名士朱儒席。清宣统元年(1909年),其孙——宣统己酉科选拔贡生朱照文赴京赶考,乃乎其先人在当地的德望,呈请能予封诰。经州县伏乞朝准,特颁旨将朱儒席驰封为征士郎。安维峻在墓志铭中用简洁生动的文字作了概述:"凡此子孙之荣升,若非公内施庭训,外礼师儒,曷克致此……公存心惠爱,无论同姓亲疏,固能一视同仁,即邻里乡党凡有亲不能葬、子女不能婚嫁者咸资助之;而复举废庙,以祈众福;散余粮以救饥民;平争讼,讲生计,以厚风俗;儆游惰,一切利济之事,见闻所及知无不为。"对朱氏内子王氏亦有所述:"淑配王孺人又能自敦妇德,无违夫之观于思情所及,一遇无力纺绩之妇往往乐为惠施,在昔欧母仁厚之旨于兹有焉。"

朱儒席墓志铭碑碑阳照

金石是历史的佐证。这一铭文和书法出自名家的神道碑，是下索椤昔日繁华的写照，也是对古人真淳情愫的赞歌。他们以文学的方法，将岁月行走中那些温馨的亲情、温暖的乡情，如春天雨丝般流泻在人们心田，浓郁的乡土文明气息扑面而来。

当驱车返回时，夏日的夜幕已经降临，下索椤沐浴在朦胧的月光中，除了偶尔传来的蝉鸣和鸟儿的呢喃之声外，显得格外宁谧和安详。

（撰文、摄影：张忠）

府城与龙门寺

府城，位于成县西35千米的纸坊河畔，是一个具有两千多年历史的古镇。《读史方舆纪要》载：南朝时期，这里即置龙门戍，龙门镇因此得名。北魏孝文帝太和年间又于其地始建龙门寺，为陇右名刹。据传寺内的古罗汉塑像为唐代雕塑大师杨惠之所塑。唐肃宗乾元二年（759年），诗圣杜甫由秦州流寓同谷时途经此地，写下了忧国伤时的《龙门镇》一诗。宋开宝二年（969年），重修龙门寺时，在寺院门屏上曾制一匾额，榜书"龙门寺"三字，相传为寇准巡按成州时所书。书体系行书，书法娟秀刚健，潇洒婉柔，是书法艺术中不可多得的珍品。诗圣杜甫的名篇和巡按寇准所书的匾额使龙门镇名噪一时，龙门寺的香火也随之兴旺盛隆起来，前往朝圣敬香的人接踵而至，应接不暇。一些高僧也慕名而至，与古刹结缘。

相传南宋开禧年间，成州报恩寺主持丹长孝门人董宗鉴曾云游到此，见古刹金碧辉煌，如同仙界，便立精舍于寺侧，而往来于佛堂，放绝世外，以寻仙馆，他还聚众讲经论道，谈玄辨易，听者云集。有趣的是，每讲到精彩处，飞鸟盘旋不去，童子驻足聆听，就连树梢也听得点头赞叹。这虽然是一则传说，但却反映了董宗鉴经纶满腹、超脱世俗的仙骨。

明嘉靖二十三年（1544年），参知高弼、巡按御史朱徽度其处，乃属邑令于此建一御史行台，设布政分司和按察分司，府城因

建于北魏时的龙门寺遗址

此得名。时陇上著名学者胡缵宗曾撰写《府城公馆记》,以纪其事。自唐开元年间起,这地方曾出过不少读书人和仕宦者,如今这地方是成县有名的"状元村"。1987年恢复高考以来考取本科、专科和中专的学生160多人,他们当中获得博士研究生和博士后学位的就有4人,有两人晋升为博导,一人还晋升为国务院学位委员会评审委员。

(撰文、摄影:张忠)

陶瓷有史说尖川

民谚云：响潭的竹子，桦树的橡，尖川窑的罐罐卖出钱。民谚道出了这里所产陶瓷制品的贵重。

尖川窑位于成县沙坝镇尖山村，距县城20千米，这地方的陶器历史悠久。相传古时，舜帝游猎至河滨，见一牧童用手把泥捏成筒状，放在火里烧着玩耍，舜很好奇，便依样而做，放在火里烧。舜发现烧成后的筒状物，可作器皿煨在火旁，烤而不炸。从此，人们便照着舜的方法仿造起来，这就是历史最早的陶罐。当地人叫茶罐。据说，后来舜把那个叫齐宝的牧童封为齐宝大王，令他向人们传授陶罐烧制技术。不久村中来了个白发老者，自称叫凡功，他在总领山前，用手将泥捏成圆形坯子，再用火烧成后取名"土巴碗"。山民们见老人用这种方法造福百姓，便把凡功誉称为泥功爷。见村民学会掌握了技术，他便隐居在村后深山中。为了纪念这位老人，人们在他曾住过的地方建了泥功庙，并塑像祭祀，称为"泥功爷"。因老人制陶时的窑位于两水汇合的铧形坪地，故称尖川窑，取陶土和泥之山叫陶起山；作坊所在地叫窑厂里。这个传说传到后来，便传成了窑神爷。因为这座窑是阴历五月十七日开始烧制陶器的，每年这一天都要祭祀，故把这天称作窑神爷会。

尖川窑陶瓷创始年代，可以追溯到2700多年前的春秋时期。20世纪70年代初，尖川窑在村东的窑儿湾修梯时，发现了古窑遗址和古陶瓷制品，陶窑为圆桶状，顶端背壁有出烟孔，腹部稍大，系升烟式陶窑。出土陶罐为卷檐、细顶、圆肩、收腹、平底造型，这些器物的特征与周代陶制品相似，据此，尖川窑的陶制品最早应为春秋时期。

当代尖川窑的陶瓷产品，品种繁多，釉色有深墨、浅蓝、淡黄、淡紫等色，形成了独特、完整的陶瓷业体系，所产各类陶制品曾销往省内外，受到普遍赞誉。

（撰文：张忠）

将利县的传说

将利位于成县西南35千米犀牛江北岸镡河乡境内,为新石器时代古遗址。北魏孝文帝太和四年(480年),以县分属修城郡,此地当为郡治。《水经注·漾水》载:"汉水(西汉水)迳修城南与修水(两河水)合,修城当在西汉水之北,水迳修城之南。"据此,今镡河将利村为修城和将利县故址。清康熙十八年(1679年)夏七月,遭大水灾,民谣云:"洪化二年半,水漫将利县。淌了教场坪,淹掉山半面。"洪化为吴三桂之孙吴世璠的年号。将利故城从这时起不复存在。

从这以后,当地百姓祖辈口碑相传着一些古老神奇的民间故事。一则是说,犀牛江畔犀牛寺的住持,为了免除水患,造福黎民,将一尊幸存下来的金佛沉于河底沙层下面,祈求佛祖镇水降妖,永保一方平安。

还有一则是说,当时有一德高望重的银髯老者施舍银两,和善男信女们精心筹划,在村旁高处建寺修庙,每年七月汛期到来之前,都要设坛礼拜,祭祀悦神,这一习俗世代相沿至今。

(撰文:张忠)

敞河坝与称金坡

成县敞河坝，以其特殊的地理位置雄踞陇蜀咽喉，甘陕通道，素称山水隩区，为成、康、武、西、礼商贸中心，行旅之要冲。因其地三峡交会，每当风起之时，没有遮拦，敞河坝由此得名。

敞河坝属西秦岭之余脉，四山环峙、层峦陡绝、峭壁削立，身临其境，处处皆天梯石栈，密荆茂棘间，嵯峨乱石中，仅容托足。然穿林越谷，履巉岩，攀鸟道，临深渊，蔓草遮路，交枝迷途，常有颠蹶陨坠之虞。若过云栈，危谷险隘，十里百折，负重而上，如蹈利刃，辄崎途常常以塞，行者多由他途，避险旋绕，环转远至。夏秋水潦，两水奔腾北来，至敞河坝，骤与江汇，浸成大河，雷鸣雨暴之时，水石相激，浪滚涛涌，飙风乍起，澎湃吼鸣，行人踟蹰而却步。隆冬积雪，深泥积水，相辅为害，运伕毕力，颠踣腾藉，血流石栈，嗷嗷之声，闻之凄然！

岁月悠悠，沧桑变迁。随着改革开放的深入，世代饱尝了无路之苦的山区人民开始筹划修路。2006年岁末，新一届陇南市委、市政府首倡修建敞河坝"十"字公路，五县一区闻风而动，共襄盛举。在各筑路工区，数以万计的民工举锹操畚，疏凿险隘，劈山削岭。于是凸者斩之，凹者补之，窄者畅之，曲者直之。逾一年之久，乃蒇事，共计程途150千米，内修桥梁14座，涵洞276处。昔时狭仅尺许，为循蚁蛭者，今可两车并驰；昔时高耸云际者，今盘道坦荡如砥；昔时惴惴然如履薄冰，险峻奇绝者，今且成通衢大道，来往行人，相属诸道，庆幸同声。昔危而今安，行旅之快捷，令世人称赞。

今工成路通，将见繁荣毕至，众县蒙福，以惠万代。其勋绩可比肩愚公，齐驱鲁班矣！

敞河坝昔时为何能成为商贾云集之地，据说与一则和金子相关的传说有密不可分的联系。

原来，流经这里的犀牛江河中沙金含量丰富，尤其在敞河坝段沙金量尤甚。多少年来，乡人多以采沙金为生，故一年四季集市贸易格外昌隆。在敞河坝东北一处开阔的山坡上，住着数10户人家，都以采沙金为营生。但苦于没称沙金的戥子，给交易造成了许多困难。村上人合计，决定自筹银两，请银匠来村上制作戥子。几经周折，终于从城里请来了一位萧姓银匠。由于众乡亲款待有加，这位银匠使出了高超的技艺。把当地上好的硬质木材挫细刨光作戥杆，用沙金粒子嵌进戥杆作戥星，将溶化的青铜锻制成戥铊，拿地产的丝线作"毫系"，然后钉上定盘星，戥子很快就制成了。经在敞河坝集市贸易时投用，都称赞萧银匠制的戥子称金分量准，买卖双方都满意。

时间久了，过往敞河坝的客商都把这个以能制作戥子并交易沙金遐迩闻名的小山村叫作"称金坡"。

（撰文：张忠）

深山乐土桂花村

桂花村，是一个以名木嘉树得名的山村，位于成县东南宋坪乡境内，距县城20多千米。因此地旧有一祭祀明代清官汪浒的山庄，和一株来历不同寻常的桂花树而遐迩闻名。

汪浒，字清夫，汪世显七世孙，汪宗贤第四子，清成县中兴里上城人。宣德乙卯科（1435年）举人，正统己未科（1439年）进士及第，名列三甲第十一名，授户部江西清吏司主事。明景泰初年，蒙古也先拥英宗侵大同，诏天下入援。汪浒奉敕募集陇右民兵御敌有功，赐之诰命。诰命曰："尔部江西清吏史郎中汪浒，发身科第，列属地官，升秩正郎，式克勤慎，厥绩既最，宜有旌褒，兹特进尔升奉政大夫，锡之诰命，以示褒荣。"明景泰四年（1453年）赐进士出身户部主事闫铎著文称："名士也，居官莅政，卓有政声，天官卿重之。"并赋诗题赠，以慰别兼有所期云："霄汉飞腾久擅名，分符今喜领专城。关中人物推先达，阙下衣冠让老成。新柳暖寒春色润，远山晴映夕阳明。治平最报应无敌，有待超迁列上聊。"清乾隆六年（1741年）《成县新志》亦称汪浒"政绩卓闻。"

汪浒因功勋卓著，迁江南苏州知府。在苏州任上，勤政爱民，以清廉著称，被百姓昵称为"汪苏州"。由姑苏回里省亲时，百姓以桂花树和太湖石相赠。返里后，将桂花树植于县东南汪氏山庄之东，太湖石置

汪浒所植桂花树

于城内东街老宅花园内,以感念苏州百姓之情。

这株由成县籍进士汪浒手植的桂花树,经历了明、清、民国等历史时期,延续时间长达560多年,至今仍枝繁叶茂,成为县境内一著名的自然景观。

新中国成立初,这里曾为成县桂花乡政府所在地,20世纪70年代改名为星光,20世纪80年代后仍恢复"桂花"原名。

(撰文:张忠;摄影:张小芹)

杜甫在同谷的传说

杜公穷愁起茅庵，

凤凰台咏中兴篇。

但医疮痍疗百病，

灵药当数臭牡丹。

唐乾元二年（759年），唐代大诗人杜甫在流寓四川途中，曾于成州同谷县（今成县）凤凰台下飞龙峡口结茅以居，度过了他生平中最艰难的一段日子。传说，当时杜甫在自己生活极端艰难的情况下，仍体恤百姓的疾苦，利用当地出产的中草药为穷苦苍生疗疾医病。前面引的四句诗，就是对杜甫济世救人高尚品德的生动写照。

据传，杜甫在飞龙峡口结茅住定后，常到附近山中采集中草药到城中出售，以养家糊口。时日一久，便和附近凤凰村里的布衣老少相交有加，如同故旧。一天，杜甫得知村里的一位老者脖颈上生一痈疽，因无钱医治，日渐沉重。杜甫便亲往其家，察看了病情，心中便有了主意。他对老者及家人安慰了一番，便从飞龙峡附近山坡上采来了一种俗称臭牡丹的中草药，取其梢叶，焙干碾成末，再入臼中，研成粉状，用崖蜜调成滋膏，敷贴疮疡。不几日，老者脖颈上的痈疽即脓除肌生，其症渐渐痊愈。

原来，这种叫臭牡丹的木本药材就生长在飞龙峡一带的山坡崖畔，因放花时呈现蔷薇红色，故土人又叫大红袍，俗称牡丹花，7—8月开花，9—10月成熟。谙熟中草药的杜甫知其根、茎、叶、枝干均可药用，具有消炎、解毒、化腐、生肌的功效。此物至便至贱，疗效胜过一切名贵丹药，敷在疮上妙在毫无痛苦。经对老者疗疮，果然应验，杜甫不胜感慨地说："此诚圣药也！"

此后，杜甫又用此药先后在村里治愈了小儿疳疾、跌打损伤几例病症，均其效如神。

转眼到了12月初，杜甫要启程入川投奔好友严武去了。临行时，凤凰村里的老老少少都来为他送行，依依惜别之情使杜甫百感交集，两眼早已噙满了泪水。

（撰文：张忠）

李崖豆腐解了张飞之困

"李崖豆腐好,常吃人不老。"这是时人对成县地方特产李崖豆腐的赞语。李崖是一个古老的地名,位于成县东南2千米处,这里自古是远近闻名的豆腐村,所产的豆腐以洁白、清香、鲜润、滑软和历史悠久著称于世。

史载汉献帝建安二十二年(217年),刘备遣张飞、马超等将屯兵下辨,以固汉中。民间传说,张飞率大军攻取下辨东南关隘固山后,沿青泥古道向西北进击,行至峡口驿,因悬径崎岖,粮秣不济,营中兵马劳顿,难以行走。这时,只见一路行人挑着豆腐从峡口驿正北方向的李崖涌来。原来,当地百姓闻听虎将张飞要屯兵下辨,无不喜出望外,便不约而同做了豆腐,以犒劳士兵,以豆渣喂马。数日后,张飞兵马体力恢复,士气大振,出师连连告捷。这就是李崖豆腐解救了张飞之困的故事。

在漫长的历史岁月中,李崖的豆腐制作越来越精细,品种越来越丰富,逐步形成别具一格的地方特产。李崖人几乎每家都会做豆腐,他们集传统制作技法与科学工艺于一体,凭着清洌甘甜的泉水,选用优质黄豆做豆腐,一年四季保持豆腐的新鲜。李崖豆腐不仅质地细嫩、保水性好,而且弹性强,色泽美观,刀剖后面光,成形好,加配适量的肉类、禽蛋、蔬菜、山珍、海味等,经炒、炸、熘、熬、炖、凉拌等方法,可以做出几十个品种的豆腐菜。

青泥河古栈道遗址

(撰文、摄影:张忠)

石门峡与三国古战场固山

石门峡，俗称石门沟。清乾隆六年（1741年）黄泳编纂的《成县新志》载："石门峡，县东南七十里，两山对峙，天若一线，峡口有石窦，若城门然，行六七里，始有人家，古木参天，清流匝地，幽旷绝尘，宛若武陵桃园，古有

石门锁钥

'石门锁钥'之称。"这里地处甘陕通道，陇蜀咽喉，战略地位十分重要。三国时期是蜀、魏必争之地。史载汉建安二十二年（217年），刘备进兵汉中时，派遣张飞、马超诸将屯兵下辨，张飞在下辨东南固山设立营垒，驻扎重兵，以固汉中，从那时起，蜀汉即有了同曹魏长期作战的思想准备。

陈寿在《三国志》中所写的固山，史志多有准确翔实的记载。蜀汉景耀五年（262年）绘制的《益州北部舆图》，将固山显赫地标在下辨东南方位。当时的固山，今称龙泰山，又称神仙梁，俗称"没主意梁"，古为下辨、河池、沮（今略阳）接壤之地，历来为军事要塞。张飞领兵在这里筑砌营垒，开凿了石栈、石梯子（俗称天梯）、石灶，在石门南侧峭壁上修建了用于防卫的悬楼。古时的遗迹至今犹存，古代战争遗存的铁蒺藜、铜箭镞等兵器，前些年时有发现，这些都见证了三国时期蜀魏金戈铁马兵刀相争的悲壮历史。

古往今来，人们把张飞、马超驻足过的峻峰、险崖、幽谷、巨石，冠以将军山、将军崖、将军沟、将军石等美名，以缅怀张飞、马超两员虎将扎营固山屯兵下辨的武功和

圣德。

在将军山南侧，绝壁万仞，一窟透漏，望之如月，古称透明山。其实透明山西南侧还有一座极为相似的山，也称作透明山。只是这座透明山洞窟前苍松柱天遮住了洞口，只有在天气晴朗，夕阳照射到这里时，可隐约透过稀疏的树梢见其真容。

说起透明山，当地还流传着一则脍炙人口的故事。传说在很早以前，有天傍晚时分，二郎神与土地神打赌。土地神说："我从天黑到天明，要做300斤豆腐。"二郎神说："我从天黑到天明能担走两座山！"到了半夜，土地神学了几声鸡叫，这时二郎神正担山在途中，听到鸡叫声就沮丧地放下担子。结果扁担两端穿透的孔眼，就变成了两个对应的洞窟。

还有一则颇具传奇色彩的故事。传说在将军山下，有一老蜇子树，树下深藏着银子。民谣云："石门对石虎，银子八万五，如若你不信，老蜇是见证。"据说有人曾冒着风险挖掘地下藏埋的银子，结果啥也没有找到。

厚重的人文历史和扑朔迷离的传说故事，赋予了石门峡勃勃生机和诱人魅力，让人们在欣赏自然景观的同时，徜徉在历史的海洋里，丰富自己的想象和阅历。

（撰文、摄影：张忠）

大云古寺胜迹多

大云寺，位于成县东南3.5千米凤凰山断崖间，唐以前以凤凰山名，即凤凰山寺，据有关金石、史料记载，大云寺始建于汉永平十二年（69年），为陇右有文字记载最早的佛教寺院。武则天即皇帝位后，因《大云经》中有"女主威伏天下"的

仙山古刹大云寺

宗教预言，遂令天下诸州置大云寺，凤凰山寺即于此时易名为大云寺。从寺后峭壁上残存的一排排桩眼，可以断定，最初大云寺雄伟的殿堂楼阁，依整座山体之面，层层叠叠地向上建造，幢幢紧密相连、椽摩栋接的建筑把山体的中下部全面包住。经重修的大云寺殿阁仍依原来方向由东向西作斜长形分布，东侧有一尊卧佛横亘于石龛之中。据传这里最早的卧佛建于唐贞观年间，卧佛头戴绾圆圈小花的发髻，枕以雕花枕头，耳挂绽花耳环，俊美的脸庞准确地表达出释迦牟尼涅槃的坦然神情。卧佛头西足东左侧卧姿势，是对佛经中要求卧佛头北足南右侧卧姿势的逆动，显示了工匠造佛像以山取势的苦心设计。

在紧挨卧佛的崖壁上，有一处唐代墨书题记，高约50厘米，长约80厘米，题记凡20行，235字，八分书，书体为行草。题记为唐宪宗元和十四年（819年）成州刺史李叔政所题。经详细辨识，题记内容如下：

元和八年六月十五日敕授成州刺史开府□□□史李叔政□□任其本州残破已经数载谷麦歉收反又汛水惟沫簌田百姓饥惶□便祈祷□九年一境□夏大丰仓廪溢

以九年八月八日设清斋□□以答前愿兼□□圣像坏者而报锡□□其寺自揽枪□□道路荒秽藤口绵密废□久矣遂□功□斫创□□通行是月七日送供到此寺宿屋雨夜晴天忽云蔼□闇遂真心稽告瞬息之间云白雾卷当晴明其应如答其谷有白蛇出长□尺锦鳞文成□□□盘下真口历出所□必龙像□而□谷道场之人皆见也时元和□□□□□□开府仪同三司持节成州诸军事兼成州刺史充本州守捉使己亥记之芦广泰昀荷检校

题记虽部分文字残缺或辨认不清，仍可看出李叔政在这篇题记里以浅显的文字记述了元和十四年及其前数年间成州经济、民俗和社会生活的种种情况以及某些奇异的自然现象，透露出了丰富的历史信息，可补史之阙，弥足珍贵，为研究中国唐代经济发展和佛寺建筑提供了重要的实物资料。就题记书体而言，存留部分迄今字迹清晰，是书苑中的一件珍贵文物。

在卧佛东西两侧的岩壁上，还有3处摩崖石刻，寺内尚存4通残碑。在这些石刻、残碑中，3处摩崖石刻和3通诗碑均为宋代所刻，唯八棱碑为唐代所刻。八棱碑铭文系佛经，凡27行，残存641字，其落款与成州大云寺墨书题记相同，故此八棱碑亦属唐元和间所刻。

从八棱碑落款中"牛方德并盖幢亭子菩于成州凤凰山寺"的记载，可以想见当时大云寺香火极盛的景象。幢，指佛经的经幢。古代在长筒形绸伞上写的佛经叫经幢。当时为保存经幢，由官方在大云寺专门修建了"幢亭子菩"，说明大云寺在唐代就已经是远近闻名的佛教禅宗胜地。

(撰文、摄影：张忠)

大川坝和"踩福字"民俗

大川坝位于成县西部犀牛江北岸,与康县隔江相望。大川坝古为渡口,一线中通,江河阻隔,地形险峻,是进入成县的必经之地。在大川一带,自古以来还流传着一种高雅的民俗——"踩福字"。

这一习俗,可以追溯到宋代,杨继业之孙、杨延昭之子杨文广在

古时"踩福字"活动旧址

治平年间任成州团练使时,政绩卓著。为了颂扬门虎将的功德,一些民间艺人编创了这种旨在祭天礼地、祈福迎祥和褒扬忠烈的民俗活动,一代一代流传下来。

"踩福字"民俗突破了血缘为界、以亲疏为限的人群聚集方式。正月初十至十五期间举行。正月十五日这天,江北岸大川、王窑、寨子等村庄和江南岸河湾、李山、巩山等毗邻村的民间艺人率领社火队齐集大川,最多时达数百人。活动开始前经各社火队共商推举一名技艺高超、德高望重的艺人为总领棍,负责协调、指挥整个演出活动。编队时先客队(江南)后主队(江北)。队伍由三部分组成,领棍(16~24人)排在最前面,中间是一台化了装的"身子"(折子戏),后面是旗队。

活动开始后,首队的领棍人双手高举两端镶着铜环、上端装饰着红绸和彩色纸花的花棍,在乐器的伴奏声中,带领全体演员循着"福"字的笔画顺序缓步行进,"起步"即是"起笔","出步"即是"落笔"。等第一队领队人按"福"字的笔画踩完最后一画,带领队员出步(出场),如若后面还有很多人没有出步(出场),第一队领棍人可领着客队和主队所有人员沿四周再踩一方圈。这时从高处望去,地面上被踩出的"福"

字印痕便清晰地呈现在人们眼前。

1950年正月十五日,成康两县13个村的400多名社火队员,在代益寿老艺人的指挥下,踩出的是"天下太平"四字。

（撰文、张忠;摄影:胡露露）

福地洞天五仙山

在成县西南20千米的茫茫林海中,有一座五峰环峙、林海磅礴、瑶草奇花遍布的山峦——五仙山。

五仙山,因昔传有公孙氏五子学仙于此,故名。这里是典型的喀斯特(岩溶)地貌,境内溶洞数量之多、密度之大、洞景之奇,堪为少见。主要溶洞有五仙洞、八仙洞、观音洞、白马洞、冰泉洞、立佛洞、相子洞、灵隐洞、吴道之洞等,旧称九窟十八洞,其洞府弥漫着浓郁的神秘气氛,为宋代成州八景之一。

五仙洞位于五仙山北侧断崖间,洞后石壁隙间有清泉溢出,清冽甘美,洞顶怪石嶙峋、苍苔斑驳、气象森然,洞内清凉宜人。洞中尚存宋代石碑两通,一为宋宁宗开禧元年(1205年)宣教郎通判成州军州事赵希渊撰并书,朝奉大夫成州军州事辛樌之篆额的《五仙洞记》;一为宋嘉定八年(1215年)二月,枢密院事兼权参知政事郑昭先、左丞相史弥远奉敕赐《孚泽庙牒》。对研究南宋时期宗教发展和宗教文化具有较高的价值。

五仙洞正下侧为吴道子洞,相传是唐代画圣吴道子坐化处。从此再往下走百余步,即为八海坑。这地方古时曾经是清水粼粼的湖泊。传说八仙过海各显神通归来,四处漫游。有一日,八仙飘飘悠悠地在半空中腾云驾雾,忽见下方有一片绿海碧波,烟云缭绕,似轻纱弥漫;峰峦沉浮,如神凿

八仙洞

鬼削。八仙已漫游了天下许多名山秀川，却未见过如此神奇之地，急忙驻云降落，在此沐浴划渡，乐而忘归，误了王母娘娘的蟠桃盛会。玉帝大怒，命太上老君驾青牛犁透石山，引水出流，霎时碧海水涸成坑，八仙云头指挥，仙船顿时化作船形巨石，青蛙跳出坑外，羽化成青蛙山，两眼为泉，形象逼真，八海坑因此得名。

在神话传说中，仙人总是深居于洞府的福地。道教文化也认为，名山胜地的灵秀之气，往往钟孕于洞府。在这种文化背景下，五仙山洞府更能给人以神奇奥秘的美感。在诸洞府中，八海坑西侧的八仙洞则处处伴随着神秘之美。很久以来，人们传说八仙洞是群仙聚会的圣地，尤其是长眉铁拐李大仙常来此聚仙饮宴。据说洞内还留有八仙棋盘和包拯碑一通，要观此宝物，需过洞内天生桥，但桥常沉于渊水之中。当走近洞口，只见洞顶有清泉数眼，飞瀑流珠，如帘封洞口。从石隙中进出的泉水与风声交织在一起，如天外沉雷，似洞底虎吼，初来乍到的游客，惊之疑之，喜之惧之，百态丛生。据清乾隆年间编纂的《成县新志》载："其洞白马广容千人，八海深纳众水，冰泉凝结盛夏，棋子流溢溪口，尤称奇特。五子丹成轻举，令访其迹者，见桃花流水，犹恍疑别有天地非人间矣！"《成县新志》还称："一山之水俱汇，至棋子洞出口，内产小圆石如棋子，旧传有仙人对弈于此。"洞内深处布满了石幔、石瀑、石花、石藤等，千姿百态、煞是好看。

从八仙洞向东，穿过密林便是观音洞。此洞与五仙洞隔谷相望，洞纵深数百米，空间开阔，景观奇异。走进洞口，逐级而下十余步，恍若仙境，宽敞的"迎客厅"四壁是透明、半透明的开花状石笋，瑰丽夺目，令人称绝。徐徐走过甬道，眼前豁然开朗，猛然见一笋柱，高四五米，围两米有余，凝神一看，娥眉凤眼，朱唇欲启，一身冰清玉洁，乃大慈大悲坐莲观音像。过

五仙山林海

"观音堂"，入"万象台"，台四周全是群生石笋，熠熠生辉，有二龙斗宝、坐石猴王、飞天仙女、醉酒太白、展翅凤凰、奔月嫦娥，惟妙惟肖，栩栩如生。再往前行，只见闪烁不定的珍珠石壁、层层相叠的石幔、妙趣天成的编钟，以及奇丽壮观的石瀑，令人眼花缭乱，流连忘返。真可谓处处皆景，步移景异，似乎天地万物皆容其中，无限美景，皆收其内。

如若是秋日，凭栏远眺五仙山旖旎的风光，只见漫山的绿叶在微风中轻轻拂动，万绿丛中夹杂着一团团火红的枫叶，一抹被夕阳照得橘红的彩云，静静地缠绕在五仙山高耸的峰巅。仙山、古洞、幽泉、佳境与秀丽的自然风光和美丽的神话传说，构成了五仙山光怪陆离、神秘奇异的景观，给寻幽探胜的旅游者们留下了难忘的印象。

（撰文、摄影：张忠）

清幽芬芳香水洞

在成县西北10余千米的地方,有一条深邃的峡谷,古称龙门峡,因境内龙门山得名。在龙门峡中七盘河段,叫黄河,河的东岸,峭壁的正中豁然断开,往里是洞府,这就是遐迩闻名的成县八景之一——香水洞。从下仰观,洞口临空依壁。洞高约10米,宽约14米,深约12米。沿崎岖小径攀援而上至洞口,只听河水哗哗作响,有雾自脚底生之感。

进入洞中,只见珍珠般的泉瀑从洞顶参差错落的石缝里飞泻而下,注入地上天然石瓮中,犹如珠帘玉幕,又如云起霞舞,那飞瀑滴落的响声时断时续,似在低诉着洞府仙境久远的秘密,"香洞流泉"的美称便由此而出。伫立洞中,仰视清洌的流泉,令人心醉。若掬饮少许,顿觉沁人心脾。传说此水极甘美,常饮可疗疾益寿,故名"香水洞"。洞内有一处钟乳石如蟠龙,古称"龙石留形",洞底有一天然的钟乳石坐佛,面前石桌上图纹状如蝌蚪,形态逼真,古称"石佛诵经"。洞左又有一钟乳石酷似坐狮,口中喷珠溅玉,水顺势流入钟乳石羊肚盆中,石盆水平如镜,将上层的各种形态倒映水中,形成一幅绝妙的山水画。明代成县进士汪浒从苏州府尹上回里省亲时,特前往香水洞一游,吟咏抒怀:"香气钟灵地,飞泉喷异芬。天风吹作雨,为世洒妖风。"清乾隆初名宦黄泳曾多次欣游香水洞,留下了文情并茂的诗篇:"石穴深巉香水

香水洞远眺

洞,一泓疑自海南流。鸟衔芸草深林啄,水带桃花夹岸浮。翰墨凝云来玉洞,琼浆飞雪赴仙舟。何须洗耳崆峒下,漱齿余芬千载留。"这清词丽句足以说明,香水洞曾吸引多少文人墨客流连忘返,写下了千古流传的绝妙诗章。

提起香水洞,人们还会想起传说中妙善公主仙游此洞的故事。妙善公主是西峪国妙庄王白莲氏所生三女。其母仙逝后,因不堪继母的百般虐待,遂出家为尼。相传有一日,妙善公主从泥功山仙游来此,在洞中信步游玩,不慎将一串珍珠掉落洞内泉中,从此洞中泉水一年四季芳香扑鼻,香水洞因此得名。香水洞之名虽源于传说,但漫步洞中,却有一种清馨芳香之感。其实游人若在春夏之交沿洞口扶木攀藤而上,寻至泉水源头,便可解其中之谜。原来洞外河谷、山坡、崖畔上,到处生长着一种叫七里香的小白花,花事盛期,漫山遍野雪涛滚滚,香气四溢,远远就能闻到花的香气。香水洞泉水之香正是源于这花香遍野的灵秀之地。这种小花在深山默默地自生自灭,花期一过,零落成泥,然而,它却把芳香留给人间。正如诗人所赞美的"寸心原不大,容得许多香"。香洞之水千载飘香,妙善美名万世流芳。千百年来,这位妙善公主的芳名与香水洞共存共荣,真可谓"香洞源流长,珍珠自芬芳;佳人传佳话,花香水更香"。

(撰文、摄影:张忠)

千古风流八景楼

八景楼巍峨耸立于上城东南角,与革命烈士纪念碑对峙,楼舍栉比,绿树荫浓,烟火万家,为全县文风之表。

八景楼,意即登临此楼,大自然所赐和世人巧夺天工所创成州八景尽收眼底而得名。据史籍记载,斯楼始建于唐代。北宋治平初,陕西转运使游师雄在他的成州纪行诗中,就有一咏:

行尽秦川路,谁如此一州?

半湖无尽藏,八景最高楼。

与游公同时,监察御史张舜民亦有诗云:

"八景更从何处觅,一湖唯有此楼高。"

游师雄和张舜民两公诗中所言之"湖",皆指裴公湖,这说明八景楼始建当在北宋之前。其后,从南宋至元代,连年战乱,兵刀相继,八景楼年久失修,濒于倾圮。到了清初。于其址重新修葺时,始称"奎星阁","不数年旋圮"。雍正十二年(1734年),知县吴浩莅成,"概然以培植文风为己任,相东南旧址(八景楼原始建上城东南紫金山巅)为一邑风气攸关,乃集通痒,议建奎楼,楼列三级,制八卦重檐,栋柱窗棂,无不丹彩精工。始建于雍正十二年,落成于乾隆元年"(清汪于雍《创修奎楼记》)。此阁坐北朝南,面临裴公湖,俯瞰湖波,遥

绿树掩映中的八景楼

望南山,眼界极为开阔。用梁、柱、枋、檀巧妙组成三层重檐的塔形建筑,屋顶覆以琉璃瓦,楼顶形状犹如古代将军的头盔,檐翼牙角飞翘,上缀彩陶雕饰,造型古朴生动,气势雄伟非凡。

令人称奇的是,这座造型独具风格的木制三重楼阁,通高约10米,阁体纯系木质所建,梁架、斗拱,全是凿木相吻,相互制约,彼此紧扣,合理而协调地组成一个完美的整体。登上楼阁,每进一层,疑无上处,旋入梯门,豁然有级,曲折迂回,错落有致,更使阁体增加有节奏的向上感,最使人惊叹的是,阁内6根内柱、6根中柱,却能承受二、三楼阁上的梁架和脊瓦的全部重量,更显得稳重肃穆,实为古代建筑中的一个奇迹,这充分显示出中国古代劳动人民卓越的建筑技艺和无穷的智慧。

在漫长的历史岁月中,八景楼曾几经兴废,后易名。名虽易,景仍存。新中国成立后,党和政府重视保护文物,对这一古迹多次进行了修缮,使古阁青春焕发,雄姿不减往昔。

八景楼最引人入胜的景色莫如烟雨迷蒙的时候了,故有"奎楼烟雨"之称。当着暝烟纤雨,银雾空濛,又轻又细,或浓或淡,使浮在烟雾里的八景楼更显得肃穆端庄,景色奇异,不愧是一个幽雅而又壮丽的景境,作为古建筑中一颗璀璨的明珠和理想的旅游景点,它曾吸引不少骚人墨客在此留下翰墨华章。

清初,诗人胡承福咏诗赞道:

> 四围山色望中收,最爱文峰起上头。
>
> 天意欲多深秀致,嘉湖烟雨到斯楼。

清乾隆间,诗人黄泳亦题过一首七律:

> 层楼秀霭接云峰,万户烟光入雨浓。
>
> 画栋迷离流翰墨,珠帘卷送湿疏钟。
>
> 遥山隐约含文豹,近水翻飞起卧龙。
>
> 应是圣朝化泽远,故教灵气护重重。

八景楼,又是遥望远山俯瞰城廓的佳境。春秋佳日,若登临绝顶,凭高远眺,顿觉天宽地阔,胸襟坦荡,周围山色水光,名胜古迹,可一览无余。近看城区,俨如一幅瑰丽的织锦,屋宇楼台,星罗棋布;远看郊外,一碧万顷,微风轻拂,绿波作浪。当着圆月微露笑脸、俯视人间的时候,她的倩影映入裴公湖中,随着微波摇晃着银光,八景楼像是从水中露出的城垛,诱人遐想,就是那传说中的"蓬莱仙境""天上宫阙",也不过如此吧!

(撰文、摄影:张忠)

蓬莱仙境话甸山

甸山，古名苍龙岭，是成县东南胜境，距县城20千米，因奇峰峻拔，状若苍龙，故名。雨后初霁，从山下眺望，巍峨的甸山仿佛蟠龙在薄雾中翘首自西向东浮游，连绵的山峦像是无数的碧螺，秀拔奇伟，如剑似笋，直指苍穹。

登上甸山，环顾眺望，景色变幻无穷，瑰丽动人。这里不仅四时有别，而且阴晴晨夕，也迥然不同。夏秋时分晴朗的早晨，或是雨后天气，深壑里便升腾起奇特的云雾，但见飞雾氤氲，流动飘逸，似绽蕾皓棉，若飘舞羽纱，层层叠叠，绵延不绝，如潮如瀑。这时山与树都是一片迷濛，白茫茫的烟云，随山风飘来飘去，起伏不定，如大海的波涛汹涌澎湃，远近迭出的峰峦，飘浮在云海中，宛如一幅高古、淡逸、典雅的山水画，游人至此，犹如置身于蓬莱仙境。

甸山最引人注目的又一景色，是被誉为稀世珍宝的龙纹松（当地俗称白股松）。这里漫山秀气磅礴，林木蔚然，到处是树身皆白、状似鳞甲而虬曲不可名状的龙纹松，面积约有数百亩。最大的树高18米，胸径3米，冠幅11米。经专家考证，这些珍稀的龙纹松，最古的树龄已有1500多年。面积如此之广、数量如此之大、树龄如此之长，在国内实属罕见。那些龙纹松生长在危崖绝壁的石隙间，似乎一阵风就能把它们吹倒，但它们在岁月的风雨中却长成参天大树，把自己的生命之根扎进岩缝，吸吮着雨露甘

甸山全景

霖，迎着狂风霜雪，日复一日，年复一年，终于在这苍龙岭上铸就了一尊尊不屈的灵魂。

从虬枝伟干、浓阴翳郁的林海中，沿曲径至绝顶，举目眺望，晨曦云霭，烟浮霞映，气象万千。凭栏俯视，山下波光潋滟，灿若银练，山水相映，碧玉交辉。可谓水依山而益显，山临水而益彰。清乾隆年间，成县县令陶万达在任期间，惠化山川，流风善政，颇有政声。在欣游苍龙岭时，他按山形地貌，特将苍龙岭改名为甸山，当地百姓为其赐赠了"万民伞"，并嘱以诗记之。陶万达工诗善书，酷爱山水名胜，他将苍龙岭分为8个景点，分别冠以"苍龙叠翠""万松涛声""松舞干霄""天池映月""古龙仙洞""石碣临空""天赐神印""锦屏对峙"等八景之美称。并撰诗9首镌刻于石上，以表达对苍龙岭的神往和眷恋之情，为后世留下了一份永志不忘的精神和文化遗产。昔时，山巅有天池，今涸；其上有精忠祠，山阴为玉阳宫，金阙画栋，宏敞显豁；宫前建小阁三层，题额"琼楼高处"；山右为达摩洞，洞之左为吕仙楼，箐邃幽奥，别有天地，使甸山充满庄严的宗教气氛。近些年来，经多次修葺，那一幢幢掩映在绿树丛中的琼楼玉宇，显得更加雄伟壮观。

置身甸山极顶，只见新鲜的山风，携着朵朵白云，从苍崖壁立、绿树交映的山间飘然而来，待雾气过后，山色空濛，碧山如洗。细细领略那旷达的山势，葱茏的佳木，修长的丛篁；慢慢品味着山花露珠的芬芳和那随风飘来的酒的醇香……在山光敛翠、谷壑染碧的美景中，给游人徜徉以无穷的乐趣和韵味。这优美迷人的大自然风光曾激发了多少诗人的灵感，吟出了美妙的诗章。时人有一首七律写道："锦屏对峙接素空，岚外苍龙气势雄。长松天骄玉霄汉，怪石嶙峋妙化工。碧涛千顷远尘界，红霞万朵尽翠禽。放歌登临晓霭上，如诗如画脚下云。"诗情画意充分表达了对甸山风景名胜的自然美和人文美的向往。

（撰文、摄影：张忠）

瑶琳迷宫金莲洞

在成县东南15千米,有座险峻如屏的山峰,苍翠蓊郁,碧凝黛染,洞府交错,胜似迷宫,这就是旅游胜地金莲洞,俗称华阳洞。

金莲洞,因洞中钟乳酷似金莲而得名。据镌刻于明正德二年(1507年)的《新修九皇洞记》碑文记载:"莲自开辟亿万年之前而生于红岩之上,琼茎玖偶,珠蕊玉葩,浑然天成,无假雨露沾濡,风日暄畅之工,四时蓓蕾,千载敷荣,是固可谓奇矣。又有翠峰青嶂,曲水澄溪,茂林修竹,排闼环绕,森耸其间,秀异清绝,依稀乎天台、武陵之胜。夫岂下于罗浮、金华、灵鹫者哉!世传钟离实诸仙子尝为蓬莱三岛别业,亦尝乘鸾麟跨鳌而遨游者也。"这里又因壁立如屏,花木似锦,别称"华阳洞天"。早在汉唐时期,就是遐迩闻名的游览胜地。

唐开元年间,画圣吴道子仙游蜀陇时,曾画一惊世骇俗之作——《嘉陵山水图》。传说此画就是吴道子在金莲洞所作。原来位于嘉陵江上游峻峦中的金莲洞,近旁有一幽谷,谷中时而云蒸霞蔚,祥云缭绕,时而天风习习,薄雾绵绵,只闻溪水潺潺,百鸟争鸣,宛若桃源仙境。一日清晨,吴道子沐浴着朝霞,漫步在风景如画的溪边,忽然停住脚步,在一块平如几案的石板上展开一幅素绫长轴,尽兴作《嘉陵山水图》,只见画圣一挥而就,笔下波涛滚滚奔腾,云雾弥漫欲流。

道教圣地金莲洞

在作画时,他有时偶尔在溪水中洗洗彩笔,待画作成后,溪底那光怪陆离的粒粒小卵石,竟被染成红橙黄绿青蓝紫7种颜色,溪水仿佛变成了一条彩带,那么明,那么净,那么艳,那么美。

这幅《嘉陵山水图》呈奉到大明宫后,唐明皇目睹此画,大加赞赏,称为盖世之作。据传吴道子作《嘉陵山水图》时,见溪边峭壁上石如栗色,便信手采得一块,几经磨砺,雕琢成砚。此砚石质坚而不顽,腻而不滑,色鲜不酽,有泼墨不损毫之优,有哈气研磨之妙,存墨不腐,积水不涸,因其色泽如栗,被称为"栗砚"。这一典故使栗砚声名大振,成为砚中珍品,故流传至今。

明初,著名道士张三丰,举士不第,云游天下。来到金莲洞见青山翠嶂,竹林茂盛,洞窟幽雅,如同仙界,便立精舍于洞侧,而往来于洞室,放绝世务,以寻仙馆。他还聚众讲经,宣道授法,听者云集。有趣的是,每讲到精彩处,飞禽盘旋不去,走兽驻足聆听,就连树木也听得点头赞叹。这虽是一则传说,但却反映了张三丰经纶满腹,超脱世俗的仙骨。

张三丰,名全一,一名君宝,其号三丰,明辽东懿州(今辽宁彰武西南)人。史称他龟形鹤背,大耳圆目,须髯如戟,寒暑只有一衲一蓑,曾在武当山幽栖,行踪飘忽。明太祖屡遣使求之,皆不得。永乐御极,明成祖皇帝宣张三丰于宣政殿,才数语忽瞑晦不知所往,即遣户科都给事中胡濙遍天下名山古洞寻访。踱迹至金莲洞,时三丰已留诗避去。胡濙乘兴而来,以为或许能见上仙师一面,没想到看见的却是那豪放不羁的诗句:"卢龙复遇金莲洞,别是重来一洞天;功成名遂还居此,了达天机入太玄。"胡濙见此情怀,素所罕见,不禁吟诵成句:"香书久慕嗟无缘,遍访丰师感应虔。万载红岩生玉笋,千年碧洞结金莲。云深喜见通明日,雨骤只逢黯淡天。峭壁真光邀允劫,赤心愿睹白衣仙。"这位朝廷命官只好怀着惆怅惋惜的心情回京复命。多年后,明英宗朱祁镇敕封张三丰为"通微显化真人"。从此金莲洞声名就更加显赫了。

据考,金莲洞始建久远。《新建九皇洞记》碑文称:"观斯洞,幽深宏敞,规模亦远大矣,历汉唐宋几千余年,修而废,废而修,往绩虽不可考,遗址尚或可因,迄至元贞丙申、大德壬寅间,道士刘道通、罗道隐者,云游寻真于斯,慨然以复古为己责,乃募资觅工,抡材计料建奉真之殿,构飞空之楼,圣贤有像,经典有阁,备豫有门,偃仰有舍,几尔百具,焕然维新。"明正德间,陕右道人樊正玄与其子教明,在官绅士庶的舍材援助下,发起扩建,"于丹青脱落者绘饰之,于前栋宇倾颓者补葺之,细微曲折,一皆因略致详推旧为新也。至于九皇洞,则规画创始而增修焉。三清四帝二后及诸真尊,俱为形象金容玉体,圣完仙标凛凛起人敬畏,斧斫凿之功,尤为精致"。其后在明崇祯二年(1629年),清道光十二年(1832年)又相继修葺。现在的金连洞,殿宇金碧辉煌,雕梁画栋,朱栏玉阶,镏金彩塑,熠熠生辉,有鲜明的道教艺术特点。更为可喜的是,随着旅游事业的发展,进入20世纪80年代,这里先后进行了大规模的修葺,景观更加气势雄伟恢宏。

游览金连洞,除欣赏钟乳幽洞、殿宇碑刻外,更引人兴致和富有诗意的,是那碧波荡漾的山峦翠嶂和姹紫嫣红的奇花异卉,特别是那冠似华盖的青松,有的凌空舒展枝叶,像和清风白云嬉戏;有的挺立于峭壁之上,似乎显示那高洁不屈的品格。秋风乍起,艳若丹霞的红叶更为群峰缀上一层五彩缤纷的丽装……

面对如图似画的美景,使人想起清初成县籍著名诗人汪莲洲的清词丽句:"平生性僻耽山水,古洞幽闲喜再来。一径穿云踏碧草,半空倚石坐青苔。春风淡荡吹襟袖,仙佩逍遥堪溯洄。丹灶芝房何必问,绿荫深处即蓬莱。"

(撰文、摄影:张忠)

天开一线浪沟峡

浪沟峡是成县北部山区茫茫林海中一处绝佳旅游胜地。景区北距县城约25千米,由于这里碧水波光粼粼,林木郁郁葱葱,峭壁巍然耸立,山峡陡峻险要,游人至此,仿佛进入一幅长长的山水画卷。

浪沟峡南北长约10千米,峡谷幽深,峭壁森然,青山、碧水、山花、绿树、修篁交相辉映,令人目不暇接。谷中山溪哗哗作响,又有溪瀑断续隐现,时有山景怡人入目。溪中奇石形态各异,为自然美景平添了无限生趣:有的如鹫岭卧虎,有的似峰顶腾龙,有的像猴王献寿……或在清澈如镜的浅水石缝中捞虾摸蟹,或观色彩斑斓、奇形怪状的水中卵石,更是别有一番情趣。

浪沟峡奇观

浪沟峡之美,妙在因水得灵得秀,见情见幽。这地方植被完好,生态原始,因背阴潮湿,溪间石多遍布青苔,随光影变化,显出深浅浓浓的绿。逆光望去,水波粼粼,绿石棋布。阳光从林荫的缝隙间穿过来,形成一束束有韵味的光柱。沿着峡谷前行,淙淙溪水百转千回,或急或缓,微小的落差造成数不清的小瀑布,如珠链、如白绫,清澈地流淌在谷中长满青苔的圆石、枯木之间。峡谷内清秀幽静,溪水自水草间流出,又消失在水草间。山路虽然崎岖但不陡峭,沿着溪水岸边忽左忽右,时有小桥横跨于溪涧之上。两侧山景遮日,峭壁上杂花生树,馨香袭人。这绿色灵秀的山谷,无声地过滤着世间浊气,营造出一方素雅洁净的桃源世界。

浪沟峡不仅是一处美景的集合,更是一处心灵的栖息地,游人只需一睹其灵秀的风姿,就会如痴如醉。

(撰文:张忠;摄影:张军)

奇拔挺秀东岳庙

翠柏掩映中的东岳庙

东岳庙，俗称泰山庙，在县城东郊五陵塬上。《甘肃通志》载："同谷寺，在同谷县坝，今名泰山庙。"从这一记载可知，远在西魏恭帝时，这里就已建寺，至唐宋时期已相当鼎盛。可惜这些早期的寺宇，被金人南侵时毁坏殆尽。到明正德年间，知县武鉴奏请改建后，更名为"东岳庙"，以祭祀岳圣神灵。清雍正十三年（1735年），知县吴浩重新扩建，规模比之先前更加宏阔，建筑群布满了整个山顶，殿堂亭阁，拔地而起，屏障天籁。于是，整座陵岗更显得峥嵘挺拔，气势非凡。

有人曾以"南临凤台，北拥众丘，前襟河济，后枕鹿玉"来形容东岳庙的雄姿和险峻。从凤凰山下向北远眺时，自东绵延而来的山梁，势如伏龙欲飞，东岳庙宛如忽然昂起的龙首，气势磅礴，雄伟壮观。近看，山上有数以万计的古树佳木，诸如"秦松""汉柏""唐桧"等，恰似一颗颗稀世的明珠，点缀在陵岗的盛装上，闪射出璀璨的光彩。

一进入景区，那蜿蜒而上的石阶甬道两旁，夹峙着古老的苍松翠柏，顿然使你处在浓荫的笼罩之中，仿佛衣衫也浸上了绿的颜色、绿的情调。愈往上走，愈感到这是一个绿色的世界，到处古木参天，碧草遍地，青苔郁郁葱葱，清气袭人，市井的喧嚣，飞扬的尘土，烈日的炙烤，都消失得无影无踪，只有这林木的绿，带来清静和幽远，还有那鸟儿的啾鸣，在深深的丛林里，一声声，一声声，是生命的呼唤。

这天然氧吧的赐予应该感谢祖先。这漫山遍坡的苍松翠柏是几千年来累经栽植增广而成的,堪称林之海。在庙地植树是中华民族一个相当古老的习惯,因为国人很早就懂得树木可以保持水土,要保住庙宇不致被雨涝冲坏,只有植树吧!民间还传说,在很早以前,山顶上曾建一"送子观音庙",四方而来的香客到山上祭神求子,香火格外旺盛,为了表示虔诚,他们多次修缮庙堂,并在山上栽植松柏。这样年复一年,世世代代,植树不止,因而形成了这样壮观的林带。在山顶东北侧有棵高大的白皮松,据考树龄已有两千多年,但它却并不显得苍老,以那刚劲挺拔之姿,临崖而立,与古庙朝夕相处。岁岁饱经寒暑风霜,颜色仍是那么浓,浓得渗绿滴翠一般。

也许是神话传说的感悟,植树之风在这里愈来愈盛。无论任何动荡年代,远近百姓谁也不准砍伐山上的寸草寸木。正因为人们的呵护,至今山上仍然是绿荫蔽空,碧草匝地。

东岳庙坐落在松柏簇拥的陵岗之上。整个建筑控制在一条中轴线上,殿宇布局严谨,疏密有度。钟鼓楼雄踞高台,飞檐凌空,正中高悬巨大金匾,上书"岱岳府"三字;进入过庭上几级台阶,是一片香烟缭绕的庭院,南北是配殿,正中上方是东岳大殿,左侧为三霄殿,右侧为关帝庙。走出回廊,是养心殿,殿前面是宽阔的月台。矗立于山梁之上的戏楼与月台相向而建。这些屋宇轩昂、各显神韵的琼楼秀阁,使林庙交拥的陵岗形成了一条风格协调、东西贯通的彩色缎带。这缎带有机地相联金殿玉宇,在有限的空间平视曲折多变,引人入胜;俯瞰则高低起伏,生机盎然。漫步欣赏,顺序环视,则犹如一幅瑰丽夺目的工笔画卷,身临其境,恍如进入"人行彩屏里,鸟飞绿云中"的人间仙境。尤为称绝的是,山上相继栽植了各种奇花异卉,到处是古木新苗,杂花生树,亭台楼阁与自然景色浑然一体,相映成趣。常葆春天绚丽、夏日浓荫、秋季馥郁、冬季苍青之景观。

东岳庙,是以林木景观为主体,融合其他自然景观和人文景观的生态园林型风景区。树林中空气清新,林荫下气候宜人,树木花草分泌的芬芳物质使人心情舒畅;树林中鸟语花香,景色迷人,令人心旷神怡。每当入夏以后,由于天气闷热,不少人利用双休日涌向这大自然的"清凉世界",尽情享受"返璞归真""回归大自然"的无穷乐趣,游人在舒畅胸怀尽情游览观赏的同时,又能登楼俯远,领略这一带众多的名胜古迹和千古历史人物、志士仁人的风韵事迹,从而形成了一条可游、可观、可赏、可瞻、可品且具有多种功能的历史风光带。

东岳庙不仅是游览胜地,也是地方风味小吃、日用小商品云集的传统庙会市场。这里历史上是通往川陕的要津,加之"风土之胜,襟带秦陇",物阜民丰,多所交易,市场发展,货畅其流。据地方志记载,每年农历三月下旬,无论是庶民百姓,还是达官显宦,去东岳庙进香者接踵而至,络绎不绝。尤其是三月二十八日,所谓岳圣诞期,山上山下,游人如织,松柏丛中,货摊货铺星罗棋布,皆南北川广的精美货物。至于地方风味小吃,有酿皮、凉粉、醪糟、油糕、豆腐脑等各种名肴佳馔,应有尽有,足以让人垂涎。同时还昼夜上演秦腔传统剧目助兴,使庙会更为热闹。

东岳庙,可谓是一块历史的丰碑,在那漫长的岁月里,曾不知烙下多少胜迹,留下多少佳话,其瑰丽妖娆的诱人景色,清纯洁素的独特风韵,越来越受到中外游客的向往和青睐。

(撰文、摄影:张忠)

历史胜迹太祖山

成县东南15千米的尖山子,史称太祖山,是一座历史悠久、文化丰厚、生态绝伦的名山。因唐高祖之祖李虎在西魏时期任陇右节度使时,曾于此驻兵,故名。

史载李虎,字威猛,成

太祖山雄姿

纪人,西凉武昭王李暠五世孙。西魏赐姓大野氏,官至太尉,与李弼等8人佐周代魏有功,皆为柱国,卒封唐国公,谥襄。唐高祖受禅,追封为景皇帝,皇祖梁氏追封为景列皇后,庙号太祖。清乾隆六年(1741年)黄泳编纂的《成县新志》称:"太祖山在县东南三十里,一名三尖山,以三峰鼎峙也。岩峦耸秀,林壑邃深,上有睡佛像,极顶有真武殿,又有帝、后像二。据史载,唐高祖之祖李虎居成,故庙祀之,而山名太祖。"《成县新志》还称:"高祖得天下,从陇州刺史申请,为虎立庙,今县东南有太祖山,神像男女二身,衣冠皆帝、后制,即此。"从上述记载可知,太祖庙始建当在唐高祖武德年间,从而成为陇南历史上唯一祭祀皇亲的一座祠宇。

太祖山的自然风光,四季迥异,格外迷人。随季节的更迭,色调变幻,主题鲜明,特色突出:春赏山花,夏看翠竹,秋观红叶,冬览冰挂。置身其中犹如步入了一座神奇的森林公园,又像是走进了一条美轮美奂的画廊,令人惊叹,让人陶醉。

从林间石栈继续向上攀登,最后到达山势险峻的峰巅。身临绝顶,举目远眺,眼底一片苍茫,巍巍太祖山,如刀剑耸立云端。千百年来,无论历史烟云几多变幻,它总是幽奇险峭,气势磅礴,殊形诡状,高大空阔,展现给人一幅祖国山河无限壮美的图景。明嘉靖四十四年(1565年),南京直隶徐州知州天水籍进士王霄在《创修三尖山玄帝庙记》中写道:"三尖山因三峰鼎立故名,其中峰巉岩峻峭,高出云表,二峰对峙两旁,有辅佐中峰之意,且众山拱向若朝,岩崖怪异若画,泉石清冽,松竹苍翠,猿鹿驯稚,百花幽香,诚胜境也。"古人笔下的太祖山,就是这样一座如诗如画的圣山。

太祖山整个山体由红砂岩构成,夕阳照在它的身上,金光耀眼,神采熠熠,山顶上那些遗世独立的苍松古朴挺拔,直刺苍穹。唐高祖李渊开国称帝后,在三尖山为其先祖立庙祭祀,从而开创了封建帝王修庙祀祖的先河。庙堂上,帝、后造像并排而坐,身姿健伟,面蕴微笑,刚健中透出英武和智慧,昭示着这方水土的不凡。这是一个历史的瞬间,这一天可能是黄道吉日,李渊的心情应该是十分虔诚的,他经过认真踏勘,选择三尖山中峰山脚石龛,为先祖立庙塑像,借以宣扬先祖的盛德功绩,颂扬李氏门第的崇高。从此以后,太祖山便与李唐王朝结下了不解之缘。自唐以来,数百年间,太祖山接受了无数善男信女的虔诚跪拜,见证了陇右历史和文化的演变。太祖庙(亦称唐公庙)蕴聚着紫气祥云,造化了三尖山的秀美与灵气,也赐给游客吉祥与平安。但宋以后,因战乱频仍,所有的祠宇寺庵化为断壁残垣,太祖山日渐寂寞。直至明嘉靖年间,才重新修葺,20世纪80年代又屡经扩修,使太祖山的名气和元气渐渐恢复。新建的太祖殿和东西配殿雕梁画栋,金碧辉煌,其造型、工艺让人叹为观止,寺庙供奉神像10余尊,各殿造像前均有神幛遮护,更显庄严肃穆,让人肃然起敬。殿后翠峰云雾缭绕,朝晖夕照,气象万千;殿前百花争妍,芳香扑鼻,沁人心脾;殿内梵音阵阵,磬声不断,冲刷着山外的浮躁。

厚重的历史文化给太祖山增添了丰富的内涵,千万年的地壳变化构成了太祖山独特的地质地貌,亚热带和暖温带气候在这里交汇,为太祖山营造了可唤起万物峥嵘的生态环境,一尘不染的清新空气和茂林修竹组成了神妙、奇幻、幽美的自然风光。山坡上,崖畔上有四时不谢之花,常春之草,大地上一切花草树木的魂魄都永恒地住在这奇景异境之间,充分显示出"自然的美,美得自然。"

太祖山景区山奇林秀,风光宜人,以丰富的植物资源享誉人间。这里从谷底到山顶,依次出现亚热带常绿阔叶混交林,针叶阔叶混交林,高山灌木丛等,据调查仅树木就有1000余种。其中有些是极其珍贵稀有的树种,如铁橿、香樟、水杉、红豆杉、七叶树、珍珠梅等。药用植物也极为丰富,已经发现的就有近百种。有的不仅数量多,而且质量好,如党参、黄连、当归、杜仲、独活等,还有天麻、三七、柴胡等一些珍贵药材。

太祖山的动物资源也是令人神往的。一些稀有动物,如:獐、麂、鹿、锦鸡、猿猴徜徉于密林之中,使太祖山独特的自然景观与珍稀动植物资源相互交融,浑然天成。这座亘古以来苍苍茫茫人迹罕至的山林,融自然美、人文美于一体,反映了卓越的生态文明,不仅成为当今新闻媒体报道的热点,而且将在发展旅游事业上作出卓越贡献。契合未来发展潮流,注重与自然、环境、生态融合,构筑成一个宏大的、全新的当代旅游度假新概念,使太祖山成为一个集旅游、休闲、度假、狩猎、探险为一体的观光旅游胜地。

(撰文、摄影:张忠)

旅游胜地泥功山

　　泥功山,俗称牛星山,位于成县西北,北邻海薱山、南与鸡峰山遥遥相望。其主峰三面如削,高可柱天,海拔2016米,年平均气温15℃,素有"避暑胜地"之称。古称泥功山"崔嵬卓立之势诚有奇而无偶,周围数百里之遥神应故妙,巩、秦、阶、西、礼之属,人皆钦仰"(清赵增寅《重修泥功山云梯岩全寺全观略序》)。南宋著名史学家郑樵在绍兴三十一年(1161年)撰写的《通志》载:"泥功山在县西,上有旧城基。县境名山也。唐贞元初,权置行成州于此山;今存泥功庙,其神像天成,古怪殊甚。"清嘉庆十三年(1808年)编纂的《武阶备志》载称:"泥功山在县西北,高出群峰,唐宋以前为天水仇池孔道。"

　　传说西魏大统年间,文帝文皇后乙弗氏,因帝宠悼后,逊居别宫,出家为尼。乙弗氏徙居秦州麦积山石窟时,曾慕名来到泥功山,见此地山势逶迤,泉涌水甘,佳木茂盛,景色优雅,遂施金银,重兴寺宇,因乙弗氏朝山临幸的缘故,泥功山又有了尼姑山的雅称。从此,这里佛事不断,香火鼎盛,僧尼最多时达500多人。

　　史书方志的记述,民间传说的渲染,为泥功山增添了神奇的色彩。唐宋时期,由于经济发达,文化繁荣,佛教盛隆,朝山进香活动相当盛行,泥功山的声名因此大振,不少文人雅士幸游此山,高吟轻唱,留下了翰墨

葱茏柱天泥功山

华章。

唐乾元二年（759年）诗圣杜甫从秦州流寓同谷途中，曾登临此山，写下了著名的诗篇《泥功山》："朝行青泥上，暮在青泥中。泥泞非一时，版筑劳人功。不畏道途险，乃将汩没同。白马为铁骊，小儿成老翁。哀猿透却坠，死鹿力所穷。寄语北来人，后来莫匆匆。"诗人通过丰富的想象，运用夸张的艺术手法，形象生动地描绘出了当时泥功山泥泞难行的情景。

泥功山主峰孤立，直指苍穹。民谣云："二郎泥功山，离天三尺三；鸟儿飞不过，猴儿不敢攀。"登临山顶，犹如置身于一幅色彩斑斓的画图之中：巨树参天蔽日，古木盘根虬枝，一幢幢寺庙隐现其中。凭栏远眺，只见群峰环拱，众山若丘，天宽地阔，风光无限。

（撰文、摄影：张忠）

唐成州治所宝井堡

唐成州州治宝井堡

宝井堡，又名鹿玉山，位于成县东5千米，是一座集优美的自然环境与丰富的人文景观于一体的文化名山，因其状若白鹿，玲珑玉立，独尊诸山，故名。它壁立千仞，高耸入云，山势显得十分挺拔峻伟。相传，汉文帝前元间，有一天，在凤凰山东侧的高山之巅，突然一只白鹿从云霭中款款而来，它在万籁俱寂的岚顶引颈长鸣三声，声声震天动地，然后冲天而去。这一年，当地果然风调雨顺，五谷丰登，世宁民安。从此，这座山就被尊称为鹿玉山。志书上称它"云径如线，鹿玉环屏"。历代名人多来此凭高览胜，参拜多娇江山，并留迹其间。

到达狮子洞，便进入了鹿玉山景区。清乾隆六年（1741年）编纂的《成县新志》载："狮子洞在鹿玉山中峡洞中，大石如狮盘踞，其脊与尾缀以苔痕碧色，尤肖狮。后有石卓立如人形，历代摩崖纪游甚众。"唐咸通中，善诗工书的成州刺史赵鸿曾多次游览狮子洞，并题刻了"鹿玉山狮子洞石室玉井三题"。惜此题记不知何故已不复存在。现仅存8处题记，分别刻于"狮"身之上，为宋神宗元丰四年（1081年）翰林学士兼侍读、同知枢密院事、著名书法家蒋之奇和宋徽宗宣和四年（1122年）成州知州、诗人晁说之等名人的摩崖刻石。在狮子洞前峭壁上还有行书石刻一处，上勒"禅春岩"三字，字大尺余，无勒石年月，但从书体风格上看，颇似唐人所刻。峭壁前为一片开阔谷地,依山面水,可以想见,在唐、宋时,这地方很可能是一香火鼎盛的禅宗寺庙。

走出狮子洞,循山径溯水而上,迎面看到的是一条幽深的翠谷,众多的溪、涧、泉、瀑,在杂花生树的映衬下,构成了迷人的胜境奇观。置身于秀水幽谷之间,随时眼前都有玉嶂绿壁疑无路之感,旖旎的山形水势总是变幻无穷,叫人惊喜,叫人梦幻。这儿有山岚回声应和,有泉流音乐伴奏,大自然就这么慷慨地提供了足以让人为之陶醉的人间仙境。

在景随步移的幽谷中,到处可以看到那清澈明丽的秀水,它无拘无束地从前方向下奔涌而来,这一谷飘洒的清泉,因各段不同的山势而形成三处各相迥异的潭瀑。最下面的水潭形同硕大的石缸,名曰"玉井"。走近潭边,只见飞瀑奔腾直下,注入潭中,水花飞溅之处,泛出一片片细密的点点白光。当水从潭边溢出,在下方洞底激起一团团白色水雾,裹着似玉的水珠飞上高空,尔后向下徐徐飘洒,亲吻两岸碧绿的草木和五彩荟萃的山花。清初诗人汪莲洲曾以玉井为题,铸诗纪胜:"碧浅红殷春弄晖,更从玉井探芳菲,奔涛直捣蛟龙窟,晴日襟披雨雪归。"吟咏着前人的清词丽句,那亘古绝唱登时变成了立体画呈现于眼前:这里一年四季云萦雾绕,晨如绵,午如乳,暮如烟。放眼望去,竟让人以为那腾跃在山峦谷底林海树梢间的大团云彩,是从远处飞来。而夏秋之交遇上雨后新霁,如果山前有雾,西天有红日,还可看到七色彩虹,海市蜃楼也偶尔会有出现。

当走进枝叶交错的绿色长廊,在一转弯处,第二潭便灿然入目,此潭曰"玉泉",由数眼清泉汇聚而成,水极甘美,因潭水落差受到了多级巨石的阻挡,飞瀑时分时合,时大时小,回绕穿泻。随着地形的变幻,其势态如云似雾,楚楚动人,令人击拍叫绝。

沿玉泉潭继续前行,便可看到第一潭,此潭明净透亮,光可鉴人。潭内绿水盈盈,清澈如新境乍开,石子杂物历历可见。人和山倒映于潭中,在鱼鳞波的作用下,同徘徊、共起舞,令人不酒而醉,飘然若仙。传说很早以前,有一位美丽的仙女下凡人间,来到鹿玉山寻求幸福,她常来潭边照面梳妆,故而此潭又有了"玉镜"之芳名。

有时，忽然一阵多情的山风徐徐而来，潭下的飞瀑形成串串水珠，轻轻地坠落。珠为雾掩，雾由珠衬，相形互映，轻曼缥缈。如此佳丽的美景，真是让游人从心底里赞叹不已。

其实，这泉鸣瀑飞的幽谷，只是鹿玉山景区的一部分。走至幽谷尽头，沿鹿迹古道扶木攀藤而上，走不多远，便登上了大自然赋予的绝色风水宝地——宝井堡。

这里属西秦岭的一支余脉，雄踞陇蜀咽喉，甘陕通道，古为兵家用武之地。身临其境，透过历史的烟云，可尽阅金戈铁马、刀光剑影的悲壮画面。《旧唐书·穆宗纪》载："长庆三年夏五月，移成州于宝井堡。"成书于清乾隆六年（1741年）的《成县新志》称："宝井山在县东十里，汉高祖出三秦时驻此，唐咸通中徙置州治，宋石洵直题名记云，长庆长始迁于宝井，即此。"《成县新志》又称："鹿玉山，在县东十里。"宋元丰间李宜记云："宝井山崖峦秀耸，林壑邃深，下瞰数州，历历可辨。"按方志记载和宋人记云，宝井山与鹿玉山均在县东十里，其方位两相吻合。据此，可以确定，宝井山古为鹿玉山之异名，宝井堡即在宝井山上。从柱峰独立，直指苍穹的气势，可想当年宝井堡雄伟壮观的博大气魄。在这里可观赏丰富多彩的天象景观，当茫茫云海，风吹云动之时，但见山舞峰移，云烟拂拂，悠然飘逸；又如日出，云海滚动之际，只见红日冉冉，金丝丹纱，华光四射，熠熠耀眼；再如夕阳西下，可见霞霭余辉，相互交融，其景色之美，难以言表。有人云："鹿玉山春可见山容，夏可见山气，秋可见山韵，冬可见山骨。"可谓恰如其分。

当行至山顶西端崖畔时，如果天气晴朗，风轻云淡，凭高眺望，山下宏远寥廓，视野无垠。近处，林带村落相错，田畴阡陌纵横、金秋田野里丰收的景象，尽收眼底。远处，古城新姿，五桥飞虹，气象万千，景色如画，好一派陇上江南风光！

（撰文、摄影：张忠）

狮子洞之名的由来

在成县县城东南鹿玉山峡谷出口处，有一石英砂岩峰林地貌的典型地段，山腹中藏匿着空廊的岩洞，奇特瑰丽的景观举世罕见。洞中大石如狮盘踞，其脊与尾缀以苔痕碧色，犹肖狮，后有石卓立，如人形。狮身之上历代摩崖纪游甚众，狮子洞之名便由此而来。

在狮子洞前的岩壁上，还有行书刻石一处，上勒"禅春岩"三字，字大尺放，从书体风格看，颇似唐人所刻。可以想见，在唐宋时，这地方很可能是一处香火鼎盛的禅宗胜地。

鹿玉山下的狮子洞

狮子洞内石狮像

（撰文：张忠；摄影：张京沪）

成州人民的母亲河——东河

东河,是成县境内的主要河流,"源出秦州境,自黄渚关汇众流,由黑谷山经县东,会南河入飞龙峡,注嘉陵江"[清乾隆六年(1741年)黄泳纂《成县新志》]。全长150.15千米,在境内流程88.3千米,流域面积1111.39平方千米,占全县土地总面积的66%。据测定,东河汛期最大流量为1600立方米/秒,枯水期最小流量为0.6立方米/秒。干流自北向南经黄渚、王磨、水泉、支旗、城关、大坪、南康、宋坪等地,因流经区域地名各异,又有不同的称谓:在水泉以北称黑鹰河,在成川平原称东河,在飞龙峡峡谷称长丰河,在宋坪境内称青泥河(因河水流经青泥岭西南峡谷,故名)。

东河是成州人民的母亲河。它不仅是生命的源泉,而且哺育了悠久的文化,注入每个成州人的心田,成为成州的象征和骄傲。

然而,东河并不是那样平静、温顺的。当它汇合诸多支流,在滂沱雨季顺势倾泻而下时,东河咆哮着,怒吼着,浪花飞溅,奔腾湍急,使高傲的峻峰不得不裂开流血的口子。自古以来,东河多次像脱缰的野马,改道、泛滥,变化无常,把良田阡陌夷为河滩。可是它也锻炼了成州人民坚韧倔强的性格,而成州古代的文明,正是在与水的搏斗中诞生的……

传说,很早以前,东河流经飞龙峡,因河中巨型山石阻水,夏秋之际常泛滥成灾,技艺高超的鲁班云游到此便产生了治水之想。他到峡中实地察看了山形水势,决心凿峡中巨石,除水患之虞,先

东河新貌

民们畏惧,担心此举恐难实现,鲁班却铁了心。他和徒弟带着斧凿钎錾,日复一日,年复一年,叮叮当当地开凿,峡中巨石被凿开一道口子,凿掉的石块堆积起来,形成了与河分离的大石堆。河道终于疏通了,鲁班欣喜之余,依石而坐,不料竟坐平了身后的一块巨石,石上蹲坐印记清晰可辨。后人为了纪念鲁班的功绩,将鲁班堆于河侧的石山美名其"独独山",将他坐平的巨石尊称为"鲁班石"。

其实,这仅是成州历史上一则古老的传说。传说归传说,但历史上有识之士疏通河道、加固堤防、根除水患、造福于民的事例却累见于史籍。东汉安帝元初二年(115年),有将帅之略的武都郡(郡治在成县西北5千米处)太守虞诩,就曾有疏浚东河河道,变水患为水利之举(见《后汉书·虞诩列传》)。唐贞元年间,御史大夫兼山南西道节度使严励,用虞诩之法,重新疏浚了东河河道,避免了洪涝之患。南宋淳熙十年(1183年),成州遭大水灾,奔腾的洪水,以雷霆万钧之力,呼啸着席卷而来,眼看涌进成州城内。在人们惊惶万状、不知所措之际,大将吴挺亲带士兵及时赶到,奋力筑堤防汛,又分军粮救济灾民,"全活殆数千万"(见《宋史·吴挺列传》)。

东河水患频仍、洪涝肆虐的历史,给世世代代生息在这里的人们留下了无尽的思考。进入20世纪50年代末,人们呼唤尽早筑砌东河大堤。之后在国家的支持下,县上组织大批劳力曾在东河两岸筑砌了沙堤,但是经不住汛期洪涛的冲刷,沙堤不到两年,大部分堤段就被冲毁。1963年春,甘肃省水利勘察设计院派技术人员对东河流域进行了全面普查。并作出了切实可行的设计。从翌年3月开始,一项彻底根治水患、造福于民的"功德工程",在古成州大地上揭开了序幕!从1964年3月开工,到1969年3月竣工,5年间,全县共投入劳动工日26万多个,移动土石34.6万立方米,经过1800多个日日夜夜的艰苦奋战,两条总长7.3千米,高6.4米,平均宽度11米的东河大堤,在人们的热切期盼中,如铜墙铁壁一般出现在东河两岸,按设计抗洪能力将提高到百年一遇。这次修建的东河大堤不仅使东河两岸的村庄、田园免除了水患威胁,而且与河争地1000余亩。

至此,东河历史上悲惨的一页已经永远成为过去。

东河大堤竣工之时,地方知名人士特撰一短文,以记其事:成县东河,流域辽阔,每当暴雨袭来,浊浪扑岸,毁田摧物,洪涝成灾。筑两岸长堤,是成县人民多年的心愿。欣逢盛世,德功天鉴,数千英雄儿女,寒风烈日,争先踊跃,群策群力,苦战五载,巍巍大堤,胜利建成。竣工之日,安居之时,欢愉之情,难以言表,特撰文为志。

水是人类文明的精灵。成州历史上曾涌现了一代又一代治水的英雄,治理东河,以传说中的鲁班肇其端,东汉时的武都郡太守虞诩继其业,当代数千"愚公"总其成。成州人民继禹神功,完成了这一集中华民族美德、神勇和智慧的伟大工程。

近年来,人们欣喜地看到新建的东河大桥、东河二桥、东河三桥、东河四桥、成州大桥横跨东西两岸,临近城区的堤段,建成了堤路结合,堤、路、休闲、高楼为一体的新开发区,取得了"防洪安全和城市建设并举,社会效益和经济效益兼得"的良好效果。现在的滨河路,巍然壮观,堤、路、花圃、大楼相得益彰,成了游览和休闲的好去处。

(撰文:张忠;摄影:燕海潮)

辨水悠悠润成州

成县南河,古名下辨水(因流经下辨道,故名),源二:一出县西北海薤山,一出县西南青渠堡(洞沟),自西北向东南流经二郎、沙坝、小川、抛沙等乡镇,南绕县城,于城关孙家坝各河口汇入东河,全长48千米,流域面积399.9平方千米。南河流域植被较好,水质优良,水利资源丰富,新建成的磨坝峡水库位于抛沙镇境内,竣工后可解决县城及城郊各乡镇居民饮用水困难。

南河流域广阔,自然生态环境优越,人文景观众多,著名的东汉摩崖石刻《西狭颂》《耿勋表》、马融绛帐台遗址、吴道子观音像洞、下辨故城遗址、中坝广化宋代窑址、鸡峰山国家森林公园、五仙洞、竹篮寨泥塑、泥功山、香水洞等,均分布于流域内。

在抛沙镇胡寨村,有一株树龄约1200多年的索椤树,树冠之高、冠幅之粗、枝叶之茂,在甘肃境内尚属罕见。因此树之缘故,寨西的两个村子,原来分别叫下索椤和上索椤。

南河不仅是地理意义上的河流,更重要的是包含成州悠久历史的文化之河,流域各个文化遗址、名胜古迹都被串联在一起,在漫长的历史长河中互相影响,形成了今天厚重的文化带,沿流域至今仍保存着丰富的历史文化遗产和非物质文化遗产,成为世人瞩目的成州文化遗产聚集区。

(撰文:张忠)

梁山神泉传佳话

出成县城东行1.5千米许,有一座苍翠蓊郁的青山,横亘南北,俗名梁山。遐迩闻名的药水泉,就在这块碧凝黛染的风水宝地上。

从江武公路与梁山路交会处一个叫扁坡的地方向上走不多远,便是一条古道。沿古道北行,梁山便呈现在眼前。只见绵延的晒经坡上翠柏清秀挺拔,郁郁葱葱,形如绿色屏风。古道两旁,碧草青青,繁花遍地,各色各样的山花在微风中摇曳,用不同的姿态,不同的香气,不同的色调,把梁山装饰得姹紫嫣红,灿若云锦,宛如绝妙的山水画卷。愈向前走愈感到景色清丽可人,如同处在浓荫的笼罩之中,连衣衫仿佛也浸上浓郁的花香和绿的韵味。市井的喧嚣,飞扬的尘土,夏日的炙烤,顿时消失得无影无踪。

在一处险峻的山岩前,山岩的顶上有一条人工雕琢的石龙,水从龙口涌出,如白练悬空泻下,白光辉耀,喷珠溅玉,煞是迷人,这就是药水泉了。谈起药水泉的神奇,梁山人总是津津乐道,赞誉药水泉水味甜美,清凉可口,汲水烹茶,茶香透口;引流酿酒,酒香馥郁;调作肴馔,酷暑不馊;制作豆腐,色白质嫩。常饮此泉水能生津止渴,解困提神,疗疾祛病。据老人们说,这地方很早以前,有一年遭了大旱,庄稼颗粒未收,偏偏又遇上了瘟疫。附近村子的老人小孩相继病倒。有人求山上寺主赐药救命。精通医理的寺主心想全村那么多人,即使真的赐药也全拿不回去,就想了想说:"你赶快挑药水泉的水回去给病人喝,兴许也就好了。"几天后,病人果真恢复了健康。原来,药水泉山岩隙间产有多种草药,草药根须布满泉水四周,被草药根须浸泡后的水渗到泉中,使泉水产生了药物功能,故而救了村民的命。当地民间还流传着许多美丽的传说。相传唐开元间,画圣吴道子云游至此,见药水泉清洌澄澈,特意用此泉水调墨作观音像一幅,只见画幅早已干了,可看上去还是水淋淋的,颇有水墨的韵味。宋元丰年间镌刻的成县广化寺吴道子画观音像碑,依据可能就是吴道子的这幅观音图吧。传说北宋景德年间,寇准巡按成州时曾饮此泉水,庶民便誉此泉为廉泉,说普通人喝了这泉水平安无事,但如果贪官喝了,立刻就会患病。看来,任何时代,为政清廉可得民心。这里还有一个动人的传说:明崇祯七年(1634年)秋七月,闯王李自成巡游梁山,见一女子在泉边盛水。闯王只望其背,便被迷住。忙吩咐侍从召见此女。其女自知容貌丑陋,便用泉中凉水擦拭脸面,没料经泉水一洗,竟变得花容月貌。从此,药水泉名声大噪。这些传说,充分显示了人们对祖国山川的热爱,对美好生活的憧憬,以及对邪恶势力的愤恨,因而尽管岁月流逝,却流传不绝。

其实编造这些传说故事的,正如梁山人,他们祖祖辈辈生在这里,长在这里。他们用朴素的感情编织一个个美丽的故事,把自己的希望、祝福及一切美好的东西都融入这些故事中,希冀更多的人都知道这里有一眼神泉。

为了充分利用梁山神泉资源,前些年甘肃省有关部门曾派专家实地考察,经对泉水进行20多个项目反复分析化验,确认这里生态环境洁净,泉水甘美清洌,品质超群,富含多种有益的微量元素,是人体理想的矿物质补充剂和饮用水,有着广阔的开发前景。

伫立泉边,放眼远眺,古城成州尽收眼底,山川俊秀,风景如画。山脚下那碧水满池的鱼塘,就像镶在万绿丛中的宝石,水天相映,闪闪耀眼。

(撰文:张忠)

仙苑胜地金石殿

金石殿，俗称仙人崖，这古朴神奇的地名，一听就会给人一种缥缈的感觉。

当游人从成化公路转弯处舍车步行，踏上东去的南山古道时，立即会被眼前的景色陶醉。如若是雨后新霁，青岫翠嶂，迤逦而来。漫步其间，蛱蝶舞于前，翠鸟鸣于侧，流云生足下，山花扑鼻香，置身如此佳境，顿觉天风拂衣，令人心神飘逸。再依着坡势向山色翠微处回环走去，极目远眺，巍巍南山如伏虎雄踞而卧，天然奇异，气象森然。驻足凝望，只见红枫漫山，层林尽染，幽花杂卉，丛篁佳果，随风摇曳，馨香袭人，无处不充满诗情画意。

经过一座山亭，仙人崖便灿然入目。此崖位于县城东南南山之巅，东瞻凤台，西望鸡峰，轩貌壮伟，清幽古拙，历来被誉为仙山胜地。清康熙三十五年（1696年），成县知县胡承福在《同谷八景说》中著文称："（仙人崖）与城廓相对，南山横峙，列石为屏，屏列仙像维肖，衣带须眉如生如画，《广舆记》所谓七仙崖，良不云谬，崖前雪霰，岛上瑶琼，真朗朗如玉山上人也。"细细读看仙人崖的冶容秀姿：那巍峨耸峙、几与天齐的峭壁；宽衣广袖、浓眉长髯的仙像；发人深思、斑驳高古的石刻；飞檐丽瓦、彩绘斗拱的古刹，共同构成了绝妙的山水画卷。历代骚人墨客的诗文又给仙人崖增添了人文色彩，使它显得更加丰富隽永。当年诗圣杜甫寓居同谷时，曾被这里的山水之胜所倾倒，吟出了"坐看彩翮长，纵意八极周""停骖龙潭云，回首虎崖

金石殿春韵

石""徘徊虎穴上,面势龙泓头"等千古绝唱,抒发了对同谷的厚爱。在诗圣杜甫流寓同谷多年后,宋代诗人游师雄在任陕西转运使时,也曾寄情同谷山水,慕名游仙人崖,他是如何为这里的景物赞叹不已,仙象天成、瑰丽清幽的奇崖秀石不仅激发了他的诗情,同时也给他提供了无穷美妙的诗材。他在《仙人崖》一诗中写道:"玉作冠簪石作骸,道衣褐氅就崖裁。精神似转灵丹就,气象如朝玉帝回。两眼远观狮子洞,一身遥望凤凰台。自从跨鹤归仙去,直到如今不下来。"现在吟咏前人的诗句,再看看眼前的景物,两者得到多么贴切的印证!

仙人崖右有一巨石,古称坐化台。清乾隆六年(1741年)编纂的《成县新志》载:"古有县人自然子,幼慕玄学,后有所得,徜徉自放,尝为士人力作,终日酣睡而事无不举,有以疾病吉凶叩者,言如响应,遂号自然子。久之,于仙人崖腰石磴上坐化。"这优美的神话传说,从古到今,在人们的口碑中不断演绎,变成了一个永不会凋零的故事。游人至此,在品评这神话传说的时候,自然要一览仙人崖的风采,访古思幽,陶冶情性,激发对名山胜迹的向往之情。盛夏,这里凉爽翠绿如春,最热月份,平均气温比山下要低几摄氏度,是理想的旅游避暑胜地。每当酷暑,山上游人如织,凉风微送暗香。到了乱云飞渡,雪漫仙崖之时,此处人影虚无,远望犹如一尊玲珑剔透的仙像冰雕,亭亭玉立于南山之巅。古人将此美景誉为"仙崖积雪",列为成州八景之一。

(撰文、张忠;摄影:燕海潮)

甘露瑞降堡生辉

甘露寺堡子，俗称堡子，位于成县西北7.5千米姜家坪南侧，原是建于危崖之上的一座古代城堡，因其地有甘露寺，故名。

甘露寺始建于蜀汉攻取武都、阳平二郡之后，以蜀吴联姻而闻名于世。

传说，北宋年间，成州官夫人患重病，久治不愈，生命垂危。一日，有妇前往诊治，立起沉疴。州官问讯，妇人答曰："家住甘露寺，姓观。"言毕，转瞬间，不见踪影，州官顿感神异，即赴甘露寺探询。经人提醒，认为是观音化身，遂捐俸银千两，委托住持重新修葺甘露寺。至此，甘露寺名噪一时，香火比先前更加盛隆。

甘露寺堡子居高临下，北倚五龙山，西临抛沙河，与牛岭山隔河相望，崇墉深堑，凭险而守，历来为兵家必争之地。堡内古有三街六巷，民居房舍错落其间，布局相当严整，且有数眼深井，可供人畜饮用。由于这里地势险要，历史上乃至近代，发生当地的重大军事角逐，无不围绕这一地区进行。

随着时移世转，甘露寺堡子逐渐失去了其军事价值，堡内水井亦随之日趋废弛。受2008年5月12日地震影响，堡内民居住房几乎全部坍塌，灾后重建时，在政府的鼎力资助下，按群众意愿，仍以原三街六巷格局建起了砖混结构的平房和楼房，家家户户都用上了自来水，堡内所有道路和通户道路全部硬化，主要街道装置了太阳灯，一幅社会主义新农村的壮丽图景呈现在人们面前。

作为甘露寺堡子的历史见证，甘露寺也被重新进行了保护性修葺，殿宇比原来更加宏伟秀丽，古色古香，寺前鸡峰辉映，环境优雅，成为净身养性的理想胜地。

（撰文：张忠）

天工神雕凤凰台

20世纪90年代末，甘肃省成县东南凤凰山发现了一个形神皆似鲁迅的石山，当地尊称为"文豪山"。近年来，随着"鲁迅热"的升温和旅游业的发展，这里一时成了备受人们青睐的人文景观，不少国内外游客慕名前往。

成县东南5千米凤凰山西麓，有一状肖凤冠的山峦，"中有二石双高，其形若阙，汉世有凤凰栖其上，故谓之凤凰台"（《水经注》）。凤凰台下有潭，古称凤凰潭，自唐代始称万丈潭，昔传为凤凰濯羽之地。这美丽的神话传说，给凤凰山增添了迷人的传奇色彩。唐乾元二年（759年），诗圣杜甫由秦陇流寓四川途中，曾于凤凰台前飞龙峡口西侧结茅以居。面对凤凰台如此人间仙境，诗圣"奇情横溢，兴会淋漓"，吟出了爱国主义与浪漫主义相结合的千古绝唱——《凤凰台》，表达了"再光中兴业，一洗苍生忧"的坚贞宏愿，故从古到今，凤凰台同诗圣杜甫的著名诗篇一样，成为当地文风的象征。

碧水倒影凤凰台

前些年，当代著名诗人公刘兴会成县杜甫草堂，游览观赏中，偶然发现凤凰台峰顶自东而西，远眺酷似仰卧着的鲁迅巨型石雕像：面部五官历历可辨，浓眉，黑髭，高高的颧骨，喉结具全，整体形象逼真，各部比例匀称，细部形态惟妙惟肖，栩栩如生，令人叹绝。观赏之中，公刘和陪同的文化界人士对诗圣杜甫和文学巨匠鲁迅的崇敬之情不禁油然而生。"凤凰台——文豪山"，众人不约而同地呼出了这象征中国传统文化与现代先进文化的名字。后来,这一景观被甘肃电视台摄制成电视专题片,在"文化风景线"栏目连续播放,一下引起了轰动效应,受到了人们广泛的关注。

凤凰台,贵在纯属天然,整座山体呈东西走向,景观形体雄伟壮观。天气晴朗时,或近或远亦能看清,尤以夏日下午四时至五时为最佳时间。这时候,山体倒影映入青泥河中,俯瞰水中凤凰台和鲁迅天然造像,不禁令人肃然起敬,给游人回味伟大诗圣杜甫和当代文豪鲁迅的爱国主义精神以无限的遐想空间。

凤凰台山体系坚硬的花岗岩石,形态之逼真,自然布局之天工巧合,可谓绝冠天下。

(撰文、摄影:张忠)

成州门户石碑寨

石碑寨，古名石壁砦，位于成县城北一千米处。因寨西山崖多系红砂砾岩构成，所凿石板材平整如壁，故名。

史载宋绍兴十年（1140年）五月，金人叛盟，金军大将完颜撒离喝自河中寇凤翔，偏师至石壁砦。时龙神卫督指挥使吴璘镇守河池（今甘肃徽县），遣统制官姚仲拒之。传说，姚仲知晓成州盛产苇席，便心生一计，令宋兵将事先筹集好的苇席铺垫在金兵必经之地——石壁砦通行大道上，待金兵到来时，命兵将佯败而退。金兵果然中计，驱骑追击，但马蹄一踏上席子便纷纷失蹄滑倒。姚仲在金兵人仰马翻之际，回兵掩杀。此时，早已埋伏在柳树林里的宋军乘机出击，截断了金兵的退路，结果宋军大获全胜。这便是姚仲智破金兵的石壁砦之战。

宋绍熙四年（1193年），太师、卫国公吴挺积劳成疾，卒于兴州任上，归葬成州。宋宁宗赵扩为追念其捍卫巴蜀之功，于宋庆元四年（1198年）春下诏，历时6年为吴挺在城北石壁砦营建了陵园，并亲御翰墨，镌刻了"世功保蜀忠德之碑"。从这时起，石壁砦便被乡人称为"石碑寨"，沿用至今。

（撰文、摄影：张忠）

雄碑高耸祭忠良

将军山与邵总村名的来历

成县县城东北方向有座突兀的高山，居高临下，地势十分险要，自古为军事要地。因抗金名将吴挺曾驻军于此，抵抗金兵南侵，故名将军山。

当地曾流传着一首脍炙人口的民谣："将军山，赛过城，石壁砦，马踏平；四道关，锁金门，撒离曷，兵难行。"这首反映吴家军抗金历史事件的民谣，生动地体现了南宋军民同仇敌忾、忠心报国的大无畏精神。

将军山与邵总村全貌

在将军山前方，有一古村落——邵总。据传说，在南宋抗金时期，有一邵姓总兵在将军山前驻防，统兵保卫成州门户，曾多次荣立战功。后来，总兵后裔落居于此，邵总之名由此而来。

（撰文：张忠；摄影：张小芹）

山中旅舍有官店

官店,位于县北25千米,是一个典型的山区传统村落。因地处交通商旅之要冲,古为泰州入成州通道。

史载蜀汉建兴六年(228年)春,诸葛亮率诸军初攻祁山时,此地为蜀兵往返行军所经之地,至今传说甚多。

明崇祯七年(1634年)七月,李自成率部攻陷成县,数日后挥师过县,溯东河而上向北进发,曾宿营于此,直取西和、礼县,官店因此得名。

官店依山傍水,独特的地形地貌造就了奇异的自然风光。这地方,山峰竞秀,万壑争奇。民居多依山就势,屋脊多起翘,展示了人和自然和谐的依存关系。

(撰文:张忠)

竹篮寨泥塑俏四方

竹篮寨，位于成县县城西5千米处，这里自古盛产翠竹，乡人多用篾条编织竹篮，故名。又因制作泥人而誉满四方。

提起竹篮寨的泥人，其历史可以追溯到800多年以前。传说，宋徽宗政和二年（1112年）春，成州（今成县）大旱，面临着饥荒，崇仪郎赵清臣率领善男信女数千人到县西南鸡山罗汉洞祈雨。三日后，碰巧下了一场大雨，五谷获救。赵清臣就在鸡峰山修建了一座"生佛阁"，感谢神灵的恩惠。从此远近朝山赴会进香的人，踵趾相接，络绎不绝。从这时起，庙会上开始有彩塑的泥人出现。竹篮寨的泥人就是由此时而起。

从成县出土宋代文物和吴挺陵园石雕艺术风格推断，竹篮寨泥人产生宋代似合乎情理。1988年成县文物部门在县境内支旗北山闫河坝发掘出土的宋代三彩陶俑和1994年在竹篮寨西侧中坝、广化发现的宋代窑址，据考两者之间有互相依存的关系和借鉴关系。对竹篮寨泥人的溯源是真实的实物佐证。当代竹篮寨泥人代表作"鸡公""胖娃""狮子"等，造型简洁、饱满、夸张，憨态十足，其艺术特征与县城北吴挺陵园的石羊、石翁仲等宋代石雕作品有相同之处。

竹篮寨地处浅山丘陵地带，这里背山面水，地势开阔，气候宜人。由于得天独厚的地理位置和优越的自然条件，当地的泥土有着特殊性能，质地细腻且含有油质，泥色

传统泥塑——胖娃

红而不嫣，黄而不娇，采来后加入棉绒反复捣和，即成为最理想的泥料，脱胎出来的泥人，表面洁净光滑，曝晒不裂，水浸不烂，着色后光彩夺目，逗人喜爱。因此竹篮寨生产的泥人一直负有盛名。多少年来，经过一代又一代民间艺人的劳作实践，泥塑技艺日益提高，创造出来的各种泥人、动物，种类繁多，各有风格。有神态可爱、造型饱满的伴娃、大头娃；有古朴雄奇、半蹲半卧的老虎和狮子；有形象生动、活泼精悍的玉兔和小花狗；有插片竹叶可以吹响，音似鸡啼的大公鸡；还有两三岁小孩喜爱的"拨琅鼓""小猴打秋千"等新颖别致的小玩具。总之，一切表现儿童姿态的造型和儿童心目中喜爱的动物形体，在竹篮寨民间艺人的手里，都成为一件件栩栩如生而且富于传统特色的艺术品。

解放后，竹篮寨的泥塑得到了党和人民政府的重视，获得了新生，并且产生了一些现代内容的泥塑。20世纪50年代，村里有个叫赵王梅的妇女，她七八岁就酷爱泥塑，看到老人们做泥人，她越看越爱看，看着看着就入迷了。后来，对做泥人产生了浓厚的兴趣。她虽无师承，但经常坚持苦练，日见长进，成了村里有名的泥人"巧把式"，她家做的泥人品类多，色彩艳，质量好，出售快。

近几年来，这个小山村出现了多年未曾有关过的喜人局面。农民生产之余，又开始了一场新的竞争：许多人家的炕头、火榻旁、廊檐上，有的搓泥，有的脱胎，有的过水，有的描画……整个山村，到处都可以看到琳琅满目的泥人艺术品。为使这一古老的民间艺术发扬光大走向世界，2007年9月，中央电视台记者赴竹篮寨作了专题采访，实况录像在中央电视台"乡土"栏目中播出。

（撰文、摄影：张忠）

春场坝与"打春"习俗

立春,为二十四节气之首。明代王象晋《群芳谱》云:"立,始建也。春气始而建立也。"自此,气温慢慢回升,万物开始萌发,一般习惯上把它作为春季的开始。

中国自古以来以农为本,在万物复苏、大地回春的时刻,人们十分注意不违农时,及时栽种。由于牛和农业耕种关系十分密切,自然也就围绕牛产生了一些迎春活动。其中"鞭春牛"则是迎春活动中最重要的一项内容。

在古代,立春日是迎接春气的祭仪。《礼记·月令》载:"立春之日,天子亲率三公、九卿、诸侯、大夫,迎春于东郊。"素有"陇上江南"之称的成县,历来就有迎春的习俗。县城东一千米许,旧有一平川(在今陇南大道什字南),因每年立春时节,人们总要在这里举行隆重的迎春仪式,故名"春场坝"。到了立春之日,人们从四面八方云集到此,奉果品等于土牛前,待立春时刻一到,便鸣放鞭炮,行礼祭拜,由一德高望重的老者手执柳枝(亦称"春鞭")鞭击土牛三下,以示春到,寓意人勤春早。"打春"的说法由此而来。

如今,这一习俗虽不像过去那么时兴,但人们仍愿意沿袭这种习俗,因为这种习俗在一定程度上体现了人们尤其是老一辈人对风调雨顺、人寿年丰、民富村安的美好希冀。

(撰文:张忠)

苏元五花石名传域内外

成县苏元五花石，因花纹多姿多彩而得名。其石系叶腊石的一种，不仅色泽斑斓，脂润如玉，而且质地细腻，硬度适中，是十分珍贵而稀少的工艺美术石料，除了用来制作石雕艺术品外，还可用于刻制印章等工艺品。

五花石产于成县西部25千米的苏元乡一个叫陈家山的地方，矿床呈东西走向，由多条矿脉组成，地貌结构与浙江青田山口镇极为相似。据地质人员介绍，这里是低温热液细脉侵染火山岩辰砂（又名朱砂）矿床，生成年代约在中生代侏罗纪，距今已有1.6亿年以上的历史。它在后期构造运动的作用下，叶腊石沿构造裂缝上升之后，红色的辰砂受热液的影响，再次迁移，充填到地质较纯的黄、白、灰、绿、墨等各种叶腊石脉中，结晶后形成块状、细脉状、条状和斑点状以赭红色为主色调的叶腊石，即为五花石。由于它的特异生成方式，因而形成无奇不有的花纹。从五花石上可以观察到各种景象，如山水、烟雨、星辰、日月、人物、动物、花草等。不论是坚润的品质，鲜艳的色彩，还是绮丽的花纹，都堪称玉中一绝。

五花石的发现，大约可以追溯到盛唐时期，那时已有民间艺人将五花石雕刻成各种工艺品。在日本东京一家博物馆至今还珍藏着一柄中国唐代纨扇，织物薄若蝉翼；扇柄、扇骨亦甚精美；扇柄下端吊一精致的五花石扇坠，标

五花石雕刻艺术品

明产于大唐成州同谷县。据称此纨扇是日本遣唐使带回东京的,如今成了稀世珍品和历史的见证,这说明五花石早在唐代就已名重京师了。据此看来,成县五花石是在唐代玉雕艺术日益繁荣的背景下发现的。这一奇迹的发现激起了当时多少文人雅士的热情和灵感,从而滋生了把它雕琢成艺术珍品的愿望。到了宋代,五花石雕刻艺术已达到相当高的水平,北宋开宝二年(969年)重修成州龙门寺时雕刻的四尊透雕柱础就是最好的实物凭证(该五花石透雕柱础现在成县杜甫草堂)。延至明清两代,五花石雕刻艺术不断走向成熟。然而,到了近代,由于历史和社会的原因,五花石工艺雕刻一度处于缓慢发展以至自生自灭的状态。

改革开放以来,随着我国旅游事业的发展,一些雕刻巧匠创作出了一批五花石雕刻工艺品,被人们称为奇石珍品。

可以预言,在旅游热不断升温的大潮中,成县五花石必将焕发出更加美妙的青春!

(撰文:张忠;摄影:燕海潮)

仓泉水美忆古贤

在成县裴公湖附近，颇多晶莹清冽的佳泉，如闻名遐迩的仓泉、金泉、流金泉等。这些佳泉不仅以清净的水色和可口的饮味，逗人喜爱，而且给裴公湖带来了永不枯竭的水源。

仓泉。不仅水色明净，甘冽清醇，而且水量很大，在裴公湖周围诸多泉水中，算是独一无二的，此泉位于紫金山下裴公湖东北侧。北宋庆历五年（1045年），佚名撰写的《成州学记》中，即有"仓泉据州，背山面池，且武圉冠几稀……南端子亭，有壁池芹藻，锦鲤祥鳝，芳菣峭石，游憩佳处"的记述。

关于"仓泉"的来历，还有一段扑朔迷离的传说，据《后汉书·仓颉传》载："仓颉，黄帝时为左吏，生而神圣，有四目，观鸟兽之迹，体类象形而制字，以代结绳之政，字成，天雨粟。"传说，有一日，仓颉信步来到地处西陲的紫金山下，静观天象，一时感到口渴难忍。正当焦虑之际，忽听山下泉水汨汨，他情不自禁地掬饮几口，顿觉清爽汗消，沁人心脾。从此，人们就把这眼泉水誉为"仓泉"，意即其神灵之气，上应天仓，泉水涌则而粟米下，隐含风调雨顺，五谷丰登之意。为了纪念这位创造文字的先哲，邦人遂在泉之东侧修建了学宫，后称之为"仓泉书院"。

紫金山裴公湖一带的地下岩层属砂岩，这里透水性较好的砂岩层自北向东南倾斜着，倾斜角度也较大，约在45度左右，有较大的面积去承受降水。仓泉和裴公湖恰在砂岩倾斜的下方，正好承受着岩层层面向下渗流的地下水，即使长久不雨，仍有丰足的地下水源源不绝地流向"仓泉"和"裴公湖"。

每当明月之夜，一轮玉镜倒映泉中，煞是好看，素有"仓泉映月"之美称。

（撰文：张忠）

龙池湫潭纪沧桑

在成县陈院镇陈庄村东南低洼处,有一眼已逾2000多年的水泉,至今仍为乡人饮用。清乾隆六年(1741年)《成县新志》称此泉"澄澈渊深,不能窥底,久涝不增,大旱不涸,古木荫覆,毫无落叶。战国时秦楚交兵,尝投诅楚文于池,宋州牧晁说之碑记其事"。

晁说之(1059—1129年),字以道,一字伯以,自号景迂,钜野(今河北省平乡县境)人,宋神宗元丰六年(1083年)进士,说之博览群书,兼攻书画,通晓六经,尤精易学。苏轼以著述科荐之,宋徽宗宣和元年至七年(1119—1125年)知成州。晁说之在成州任上曾做了不少有益百姓的好事:创建了祭祀诗圣的"成州同谷县杜工部祠堂"和"濯凤轩""发兴阁"。修建了成州龙池湫潭庙,并撰写了记文,镌刻于碑阴。碑文中亦有"成州今治同谷,距所治北十里而远有池,广可度不可窥也。蓄广焉仅逾寻丈,而渊沦窅然,没有冬夏之异,其深何如,邦人谓神龙是居……揆观其远,方嬴秦时,池名曰湫,礼币行焉,悉投文以诅楚"的记载。当地民间口耳相传,其地古时为白马氏国辖地,当地人曾掘井于龙门山前,故取名"白马湫池"。同时还始建了白马寺,以祭祀白马氏人的祖先。

从晁说之记文和《成县新志》记载及民间传说所言,这地方从周孝王封嬴非子为秦至战国时期,即成为秦先祖休养生息的地区之一。近现代成县出土的战国时期文物,充分印证了当时秦楚金戈铁马的征战历史。

(撰文:张忠)

成县人民政府驻地——城关镇

成县城关镇，是成县人民政府驻地。明、清称中兴里，民国时称紫金镇。原有明代修建之城垣，东南西北四城门门楣均有匾额。东城门曰"同谷名邦"；南城门曰"南秦旧治"；西城门曰"西康巖疆"；北城门曰"仇池故郡"。西城门外有玉皇楼，为外城，匾曰："汉阳雄镇"。唐宋以来，此地长期为郡州治所在地。

城内西北隅有紫金山，南宋时为吴玠、吴璘、吴挺驻节地，故又称吴公保蜀城。

成县县城，以"胜地多树，名园在城"之佳境驰誉陇上，著名的裴公湖即位于县城西北一隅紫金山下。

（撰文：张忠）

成县历史沿革

成县上古为雍州之域，周文王时为南国化疆，后来周孝王封嬴非子于秦地，养马汧渭，此地属秦地，春秋时为白马氐国。公元前221年，秦始皇统一中国，封天下为36郡，成县属陇西郡，称下辨。《史记·曹相国世家》称："汉王（刘邦）封参为建成侯……从还定三秦，初攻下辨。"下辨之名始见于史籍。下辨意为辨水之下游。汉武帝元鼎六年（公元前111年）始置武都郡，以县改属之，仍称下辨道。东汉时仍属武都郡，治下辨。三国西晋，县属秦州之武都郡，下辨仍为郡治所。东晋简文帝咸安元年（371年）属前秦之南秦州。南朝宋文帝元嘉十九年（442年）属宋南秦州。西魏废帝元钦二年（553年）改南秦州为成州（近人所言"成县唐、宋、元设州"一说，因设州时间有误，应正之），初置同谷县。《周书·文帝纪》《国语》有"黄帝以姬水成，炎帝以姜水成"的说法，成州地近炎黄二帝早期活动区域，则其寓意为"王朝中兴，永锡祚胤"之意（其中，锡，指赐给；祚，指赐福；祚胤，指赐福子孙）。

《说文解字》释"同"，为两水汇合之处，青泥、辨水汇合后注入飞龙峡谷，同谷因此得名。隋文帝开皇三年（583年），以同谷属康州。唐高祖武德元年（618年），以同谷县属西康州。唐太宗贞观元年（627年），废西康州复置成州，以县属成州，隶陇右道。唐玄宗天宝元年（742年）改成州为同谷郡。唐肃宗乾元元年（758年）复为成州。唐代宗宝应元年（762年），吐蕃攻陷成州治所上禄县，州治陷入吐蕃之手后，以县入属凤州，为唐蕃犬牙交错地区。唐宪宗元和年间（806—820年），于同谷之西北境泥功山权置行州。唐懿宗咸通七年（866年），复置成州，徙治县东南5千米之宝井堡，后徙治同谷，后唐复置成州，治同谷县。两宋仍称成州，治同谷县，南宋理宗宝庆初，以理宗旧邸升同庆府。元代亦称成州，治同谷县。明太祖洪武十年（1377年）改州为县,辖9里8屯,始称成县至今。民国时先后隶属陇南道,甘肃省第四、第八行政督察区,全县置5镇8乡:紫金镇、抛沙镇、甸川镇、小川镇、汪川镇、东岳乡、宜阳乡、府城乡、镡河乡、嵋峪乡、黑峪乡、龙门乡、西康乡。1949年12月,成县解放,12月下旬,全县新建立5区(城关、小川、甸川、龙门、两河)48乡,隶属武都专区。1956年,以县改属天水专员公署。1961年12月30日,成县改属武都专员公署。1985年5月14日,武都专区更名为陇南地区,成县随属陇南地区。2004年7月,全县调整为12镇5乡,245个村,1472个村民小组。2004年12月,陇南地区撤地设市,始置陇南市,成县属陇南市。

(撰文:张忠)

成县地名与有色金属矿藏

观看成县地图，密密麻麻的地名，多如闪烁的繁星，每一颗星都是巨大的实体，众多的地名皆蕴含丰富的意义。

细细研究一番，成县不少地名都有其来历。在这些地名中，取名与山、水和矿藏相关联的有40多个。其中取自金、银、铜、铅、锌、汞等矿产名称的就有10多个，约占25%。历史上我们聪明睿智的祖先很早以前就发现认识了自然界的各种物产，并加以利用，从而创造了华夏远古的物质文明。

厂坝，被称为中国西部新崛起的"铅锌王国"，它像镶嵌在西成矿带的璀璨明珠，令世人瞩目。该矿带东起陕西凤县八方沟，西至岷县半沟，全长达300多千米。这里有丰富的铅、锌、铜、金、银、汞等多种矿藏。其中厂坝矿区已探明的铅锌矿石储量在1亿吨以上，金属储量在1200万吨以上，是中国第二大铅锌矿，成为继白银、金川之后甘肃第三个有色金色工业基地。

厂坝开矿的历史可以追溯到640多年前的明朝初年。成县黄渚镇关山有一通镌刻于明万历三十八年（1610年）的《保鳌永思碑记》，碑文翔实地记述了当地开矿的史实，称厂坝的矿冶历史，始于"国初"（明朝初年），到了清代，这里银、铜、汞等矿产的开发已形成规模。对此，清乾隆六年（1741年）编纂的《成县新志》亦有记载。

厂坝地处嘉陵江上游东河之滨的深山峡谷中，古称"银洞湾"，因盛产银而得名。民国十二年（1923年），陇南镇守使孔繁锦曾于此开采银矿，兴办银厂，厂坝之名即由此而来。孔繁锦雄心勃勃，专门从云南请来了炼银名匠，耗资数千大洋，结果只炼出了仅能铸造"麻元"的沙铜。后来国民军入甘，孔繁锦败走，银厂也随之倒闭。

中华人民共和国成立后，国家对厂坝的矿产资源极为重视，从1968年开始，调遣冶勘106地质队进行了10多年的勘探，基本上弄清了全部的地质资料。地质报告表明，厂坝的铅锌矿储量在中国已探明的各铅锌矿带中名列前茅，开采价值十分可观。1979年，国家计委确定厂坝矿列入国家"七五"期间基本建设大中型规划建设项目。随后，甘肃省人民政府正式作出了建设厂坝铅锌矿的决定。经过近20年的开发建设，厂坝如同奋飞的巨龙崛起于改革开放的大潮之中。2009年以来，按照省委、省政府"一个矿区设置一个开发主体，形成一条产业链"的要求，陇南市和白银有色集团公司紧密配合，整合重组矿区资源，组建新的开发主体，完成了资源核查、资产评估等基础工作。2011年1月16日，甘肃成县厂坝矿区资源整合暨甘肃厂坝有色金属有限责任公司揭牌仪式在兰州举行，标志着厂坝矿区矿产资源开发走上了规模化、集约化、科学化的发展轨道，实现了厂坝矿区初级产品在成县境内就地消化，形成了完善的采、选、冶配套产业开发体系。从此成县有色金属发展史又揭开了崭新的一页。

成县境内河流众多，流量较大的有犀牛江、东河、南河、洛河。因河水冲击和沙砾沉积，使河床的砂砾层中含有丰富的沙金，其中犀牛江流域砂金含量尤甚，品位较高，极具开采价值。特别是敞河坝至镡家坝段，砂金丰富，采金历史悠久。在苏元镇西北有一临江（西汉水流入成、康境俗称犀牛江）的小山村，古名"称金坡"。原来，这地方与成、康、武、西和4县交界的敞河坝毗连，由于特殊的地理优势，敞河坝历来就是方圆老百姓赶集的商贸中心。因当地江中产砂金，乡人多以淘金为生，故一年四季集市格外昌隆。出于交易的需要，家家户户都有称金的戥子，"称金坡"便由此得名。

成县东、南两河流域，历史上也以产砂金闻名。特别是县城所在的成川小盆地，因两侧奔流而下的河水，在暴雨季节，自上游带来大量的砂石，形成一个扇状的砂石堆积体——洪积扇。加之这一带的地下岩层属砂岩，透水性较好的砂岩层自北向东南倾斜着，倾斜角度比较大，有较宽阔的面积去承受着岩层层面向下渗流的地下水，所以这一带颇多佳泉，且泉水澄澈，味极甘美。无论干旱炎热的酷暑，还是连绵阴雨的涝季，或是寒风凛冽的严冬，泉水始终保持在一定的水位。

县城西山塬下,有一眼清泉,四时翻涌不竭,经太阳一照,泉中金光四射,故名流金泉,其水质之甘美,附近泉井无能出其右者。

与流金泉相媲美的是位于县城东坝的金泉。清乾隆六年(1741年)黄泳编纂的《成县新志》载:"金泉,县东郭,相传昔人曾于此得金,因名,今没于河底。"史载南宋淳熙十年(1183年)成州遭大水灾,奔腾的洪水涌进成州城内,在吏民惊恐万状、不知所措之际,大将吴挺亲率士兵赶到,奋力筑堤防汛,又分军粮救济灾民,"全活殆数千万"。金泉很有可能就是这次特大洪灾中"没于河底"的。古往今来,东河像镀着墨绿花边的银白色缎带,从北向南,把大山劈成两半,粼粼碧波中涌动的砂金像无数耀眼的珍珠在闪烁,它不仅是生命的源泉,而且也哺育了悠久的文化,成为成州的象征。

20世纪70年代,经地质部门勘查,成川盆地下层蕴藏有丰富砂金资源,这也许就是地表众多泉水以金命名的缘故。

成县地处中华腹地,以有色金属矿藏命名的地名甚多。如紫金山、金沟坝、金洞子、金家坪、金石殿、称金坡、流金泉、金泉、金洞、银洞湾、铜厂坝等地名,都直接反映了与有色金属矿产的关系。从这些地名中可以看出,成县地下矿产资源之丰富。

大地犹如历史的篇章,确曾写下先民们创造辉煌的业绩,而作为点睛之笔的这些地名,也就是历史的眼睛。有兴趣者不妨进一步探讨、研究,将会从中获得丰富的知识。

(撰文:张忠)

参考文献

[1]旧唐书:列传:卷一百三十八[M].中华书局影印本.北京:中华书局,1979.

[2]集古录跋尾[M].上海古籍出版社影印本.上海:上海古籍出版社,1982.

[3]新纂直隶阶州成县新志[M].成文出版社影印本.台北:成文出版社,1970.

[4]张忠.成州春秋[M].兰州:甘肃文化出版社,2007.

[5]张忠.成县史话[M].兰州:甘肃文化出版社,2012.